A voz da sororidade

COORDENAÇÃO EDITORIAL
Eliane Jaqueline Debesaitis Metzner
Daiane Cristine da Rocha Rosseto

A voz da sororidade

© LITERARE BOOKS INTERNATIONAL LTDA, 2024.

Todos os direitos desta edição são reservados à Literare Books International Ltda.

PRESIDENTE
Mauricio Sita

VICE-PRESIDENTE
Alessandra Ksenhuck

DIRETORA EXECUTIVA
Julyana Rosa

DIRETORA COMERCIAL
Claudia Pires

DIRETORA DE PROJETOS
Gleide Santos

EDITOR
Enrico Giglio de Oliveira

CAPA
Lucas Yamauchi e Gabriel Uchima

DIAGRAMAÇÃO
Luis Gustavo da Silva Barboza

ASSISTENTE EDITORIAL
Felipe de Camargo Benedito

REVISORES
Ivani Rezende e Sergio Nascimento

IMPRESSÃO
Trust

Dados Internacionais de Catalogação na Publicação (CIP)
(eDOC BRASIL, Belo Horizonte/MG)

V977　A voz da sororidade: um livro que conecta mulheres e negócios / Coordenadoras Eliane Jaqueline Debesaitis Metzner, Daiane Cristine da Rocha Rosseto. – São Paulo, SP: Literare Books International, 2024.
240 p. : 14 x 21 cm

Inclui bibliografia
ISBN 978-65-5922-785-3

1. Empreendedorismo. 2. Mulheres – Atitudes. 3. Sucesso nos negócios. I. Metzner, Eliane Jaqueline Debesaitis. II. Rosseto, Daiane Cristine da Rocha.

CDD 658.4

Elaborado por Maurício Amormino Júnior – CRB6/2422

LITERARE BOOKS INTERNATIONAL LTDA.

Rua Alameda dos Guatás, 102
Vila da Saúde — São Paulo, SP. CEP 04053-040
+55 11 2659-0968 | www.literarebooks.com.br
contato@literarebooks.com.br

Os conteúdos aqui publicados são da inteira responsabilidade de seus autores. A Literare Books International não se responsabiliza por esses conteúdos nem por ações que advenham dos mesmos. As opiniões emitidas pelos autores são de sua total responsabilidade e não representam a opinião da Literare Books International, de seus gestores ou dos coordenadores editoriais da obra.

SUMÁRIO

7   PREFÁCIO
      Susana Gasparovic Kasprzak

9   O NOVO, DE NOVO
      Eliane Jaqueline Debesaitis Metzer

21   QUAL É SEU PROPÓSITO DE VIDA?
      Daiane Cristine da Rocha Rosseto

31   MULHERES QUE ELEVAM E INSPIRAM OUTRAS MULHERES
      Alessandra Pansiero Skura

43   A CORAGEM DE VIVER
      Bruna Cecchele Lima Vanzella

53   DRIBLANDO A CIRCUNSTÂNCIA E TRANSFORMANDO A REALIDADE
      Bruna Saara

63   A PROVA DA VIDA É INDIVIDUAL, MAS A JORNADA NÃO PRECISA SER
      Carla Nakai

75   A BUSCA PELA INTEGRAÇÃO DAS ENERGIAS FEMININA E MASCULINA NOS NEGÓCIOS
      Caroline Carla Carvalho Bueno

85   HISTÓRIA DE VIDA
      Doralice Fagundes dos Santos Marchioro

91   DO PRECONCEITO AO SONHO REALIZADO
      Elizabet Leal da Silva

101	FUI DESLIGADA! **Fabiana Weis**
111	MULHERES E EMPRESAS CONECTADAS POR UM PROPÓSITO **Fernanda Lemes**
123	MARCAS ALÉM DO TEMPO **Flavia Abeche**
133	ESCOLHAS CERTAS FORAM CAPAZES DE ME PROPORCIONAR UM NOVO DIRECIONAMENTO **Isabela Albuquerque**
143	PERSEVERANÇA É O CAMINHO **Joseane Conrado dos Santos**
153	O FUTURO SE CONSTRÓI AGORA: TODA MULHER PODE ESCREVER A PRÓPRIA HISTÓRIA **Kely Freitas**
163	CAMINHOS DE SUPERAÇÃO: A HISTÓRIA INSPIRADORA DE LUCIANA BRAGA **Luciana Braga**
173	A VIDA DÁ VOLTAS, MAS ACABA PARANDO NO MESMO LUGAR **Marcia Isabel Reinehr**
183	MINHA JORNADA AO EMPREENDEDORISMO **Maria Carolina Gurgacz**
195	LAÇOS DE SUCESSO: A JORNADA DAS IRMÃS EMPREENDEDORAS **Mariana Mecabô Müller e Ana Carolina Mecabô Müller**
205	SEJA QUEM VOCÊ QUISER **Mariza Beal**
221	UMA CARREIRA QUE VENCEU O PRECONCEITO **Olga Bongiovanni**
231	TRÊS MOSQUETEIRAS **Tatiane Tomazelli dos Santos**

PREFÁCIO

Este livro nos faz refletir sobre a nossa caminhada e participação no mundo do associativismo e em nossa comunidade. Em 1991, iniciei minha participação no associativismo, junto ao conselho da mulher empresária, órgão da Associação Comercial de Cascavel (ACIC), que, na época, reunia empresárias e executivas em busca da união e do fortalecimento da classe.

Ouvia muito sobre a importância de participar de uma entidade, meu pai sempre foi um participante ativo e cresci ouvindo que todos deveriam se envolver, dando sua contribuição. Lembro que ele dizia: "A ACIC é uma grande escola."

Porém, não imaginava que, naquele momento, ao aceitar o convite para participar, enfrentaria tantos desafios. Muito menos que poderia ser a primeira mulher a ocupar a presidência dessa entidade de tamanha representação empresarial na região. Sei que foi devido a união dessas empreendedoras, e a nossa participação, que me dediquei e fui escolhida para assumir essa honrosa função. Foi uma surpresa para muitos, fui muito questionada por ser a primeira mulher a presidir a ACIC, e respondia: "Sou uma microempresária, que dará continuidade às bandeiras da entidade". Não me assustava com o questionamento sobre ser mulher, mas, sobre ser uma pequena empresária, na época sócia de minha mãe, uma empreendedora que me ensinou que o amor ao empreender é a base do sucesso.

E, hoje, quando convidada para apresentar este livro, que propõe conectar mulheres e negócios, meu coração se enche de alegria e emoção. Percebi que era uma oportunidade de um reencontro com um mundo pelo qual sou apaixonada, pelo qual tenho uma gratidão imensa por tanto aprendizado.

Não somos apenas mulheres, somos uma força que impulsiona a união, empreendedoras que não agem somente com a razão. Temos sensibilidade, um coração e, dessa forma, procuramos ser firmes em nossos posicionamentos e somos, sim, uma significativa força produtiva dos mais diferentes setores econômicos, que buscam o melhor para sua sociedade.

As mulheres que apresentam suas histórias estarão mostrando que temos um papel significativo e estamos caminhando, procurando, a cada dia, novos aprendizados.

Ao folhear este livro, teremos a oportunidade de conhecer a diversidade de histórias e trajetórias incríveis e surpreendentes. Tenho a certeza de que este livro nos levará a uma reflexão da nossa própria trajetória e o quanto ainda temos a contribuir para o mundo.

Susana Gasparovic Kasprzak - empresária

O NOVO, DE NOVO

O apoio de mulheres amigas, companheiras, colegas ou simplesmente que passaram em minha vida cooperou para eu ser quem eu sou, uma mulher forte e determinada, inquieta por natureza. E isso é sororidade, as trocas e o impulso mútuo dessas mulheres tão especiais. Deus nos deu talentos, e nos cabe multiplicá-los dentro de nossas esferas de influência. Cada situação é uma oportunidade: qual a contribuição que deixamos no mundo. Nem sempre somos compreendidas, mas a vida continua dentro do que acreditamos ser o melhor.

ELIANE JAQUELINE DEBESAITIS METZNER

Eliane Jaqueline Debesaitis Metzner

CFP – *Certified Financial Planner*. Certificação Anbima CPA20. Certificação Especialista em Investimentos Anbima CEA. Certificação de Diretor de Cooperativa Financeira FGV. Instrutora nas áreas de educação financeira, gestão cooperativa, vendas cooperativas e certificação ANBIMA. 30 anos de experiência em mercado financeiro e cooperativismo de crédito. Fornecedora de conteúdos para sistemas cooperativos. Escreve para *Época Negócios*, *Valor econômico* e outros sites de notícias financeiras. Formada em Direito; MBA em Gestão Empresarial, Gestão em Marketing, Gestão Estratégica de Negócios pela FGV. MBA Finanças, Investimentos e *Banking* pela PUC-RS. Planejamento Financeiro Pessoal pela Legale. *Coach* Financeira Executive pelo Instituto Coaching Financeiro, e *Master Coach* pelo International School of Coaching em Orlando, Florida, USA. Psicologia Econômica e Arquitetura de Escolhas pela B3. Autora dos livros *Livro Finanças na prática*, *Mais que dinheiro* e *Finanças em família*. Coautora dos livros *Moneybook: agenda de finanças pessoais*, *O código da inteligência financeira*, *Manual do crescimento*, *Crise para alguns, solução para outros* e *Juntas brilhamos mais*.

Contatos
www.financasnapratica.com
Eliane_metzner@financasnapratica.com
Facebook: Eliane Jaqueline Debesaitis Metzner
Instagran: @jaquemetzner
LinkedIn: Eliane Jaqueline Debesaitis Metzner
65 99618 3120

Eliane Jaqueline Debesaitis Metzner

Sororidade

Em um encontro de mulheres, a coordenadora do núcleo falava sobre sororidade. E eu passei a viajar em minha história e lembrar cada mulher que impactou minha vida de maneira positiva, e como todas elas contribuíram para ser quem eu sou hoje. Amigas que fizeram e fazem parte da minha vida, desde a brincadeira de bonecas, os desafios da adolescência, amigas de escola, faculdade, comunidade, grupos, trabalho, igreja, compartilhando a vida em conversas demoradas e agregadoras, brincalhonas ou profundas e existenciais, todas elas construindo dia a dia um sentimento de pertencimento, acolhimento e apoio.

Nesse momento, agradeci o quanto eu sou abençoada, enquanto novas amigas se formavam em um ambiente de *networking*.

Sou muito família, gosto de estar com meu marido e nossos filhos, assim como com todos os familiares e amigos. Mas o grupo feminino tem suas particularidades. Em Cuiabá, eu participava da BPW, Associação de Mulheres de Negócios, e tive experiências incríveis de companheirismo e apoio mútuo. Ao me engajar nesse novo núcleo feminino, conheci histórias, adquiri amigas e projetos se formam com mentes inquietas e criativas, como este livro, para que possamos conhecer histórias inspiradoras, com seus altos e baixos, e ter a firme convicção de que a sororidade é um caminho para o desenvolvimento das tantas mulheres que vencem desafios, matam um leão por dia e, com força e fé, seguem adiante.

Não obstante a presença masculina em minha vida, meu pai, avôs, marido, filhos, amigos e colegas, neste trabalho exporei a influência das mulheres, meigas, travessas, fortes, batalhadoras, que fazem parte da minha vida.

A vida dá voltas

Em meio à neblina intensa, a frio e chuva, o avião sobrevoou o aeroporto de Cascavel por uma hora, então desistiu, e foi direcionado para Foz do Iguaçu. Pousaria a 150 km de distância de meu destino, e o trajeto entre as cidades seria de ônibus. Era final de setembro de 2022, eu tinha completado 50 anos há poucos dias.

Fazia duas semanas que o improvável acontecera: no LinkedIn, enquanto eu procurava outra coisa, apareceu um post com uma vaga de diretoria de mercado de uma cooperativa financeira na região oeste do Paraná. Aquela postagem, efêmera, ficou em minha mente. Em 30 anos de mercado financeiro, tive diversas posições. De caixa a gerente de desenvolvimento de central de um sistema cooperativo, e há oito anos com um sólido trabalho na instrutoria e palestras da empresa que criei em 2014, e que depois cresceu com os trabalhos de meu marido e nosso filho mais velho. Mas nunca tinha estado em cargo de governança. Diversos colegas de trabalho da jornada se tornaram diretores, e eu preferi empreender. Eu não entendia por que eles passaram a sorrir menos. Até então. Uma semana depois, um *enter*, e o processo começou.

A secretária executiva, Jessica, me buscou na rodoviária, após aquele trajeto inusitado. Inteligente, centrada e divertida. Ela me contou um pouco mais sobre a cooperativa e como seria minha estada: a sabatina com o Conselho de Administração e o Conselho Fiscal seria à tarde. Uma rajada de vento aumentou o frio na espinha: por que Deus me ofereceu mais uma mudança, se tudo estava indo tão bem?

A jornada

Filha de agricultores no Rio Grande do Sul, parei de estudar aos 13 anos, para ajudar meu pai na roça. Inquieta que só, fiz tanto alarde que cinco anos depois, voltei aos estudos na Escola de Campo, fazendo 5 km a pé ou de bicicleta. Até hoje tenho rotina de buscar conhecimentos, formações, cursos e conversas com pessoas que possam me ensinar algo diferente ou outro ângulo daquilo que eu acho que sei.

Minha mãe sempre trabalhou muito, casou-se cedo, teve filhas cedo. Sim, somos quatro meninas. Trabalhou até o último dia das gestações de suas meninas; e 40 dias após, lá estava ela novamente na lavoura, com o bebê em um bercinho na sombra. Exceto a última gravidez, que foi mais complicada. Cresci ouvindo as histórias e vivenciando suas batalhas, que lhe ocasionaram problemas de saúde, mas que segue firme e forte como um grande exemplo de vida. Minha mãe não estudou além do "primário", mas tem uma sabedoria incrível; está sempre alegre e valoriza cada esforço ou conquista minha e de minhas irmãs.

Já cursando o ensino médio, ouvi no rádio sobre uma seletiva que aconteceria na Cooperativa Financeira da região – e lá fui eu, toda feliz, fazer a prova em meio a 500 candidatos, três vagas. Mas uma delas já estava destinada a mim. Aí começou a conexão com o mercado financeiro, a reconhecer como o melhor dia de trabalho aquele em que eu ajudava alguém a encontrar uma solução para seus negócios.

A voz da sororidade

Conheci Paulo, meu marido, na Cooperativa, casamo-nos e construímos família. Mudamos para Cuiabá, onde permanecemos por 26 anos. Ir morar a 2.000 km de meu clã foi desafiador. Ao construir novas histórias, o novo se fez presente. Transferi o curso de Direito da Unijuí para a Unic, e me formei em janeiro de 2000, a geração 2000, e temos um grupo de mensagens até hoje.

Nossa filha Julia nasceu em 2001, uma menina sorridente desde cedo, seus olhos azuis traziam uma paz indescritível. Com três meses e meio, começou a chorar sem sintomas. Minha melhor amiga da época, Ariane, passou em nossa casa antes de ir à faculdade, e assim que meu marido chegou do trabalho a levamos ao médico. Ela adquiriu uma doença viral e quatro dias depois veio a óbito. Na UTI, tivemos a presença constante de amigos e conhecidos. Uma colega de trabalho, Vânia, me disse: "Os filhos são de Deus e ele precisa de nós por um tempo, entrega". Após isso, ajoelhada aos pés da Julia, junto a meu marido, entregamos ela a Deus, que seja feita a Sua vontade, e poucas horas depois ela partiu.

Depois veio o Érico, mais duas gestações infrutíferas e o Artur, mas neste livro os assuntos são as meninas.

Do trabalho, após mais nove anos de Cooperativismo, assumi um cargo em uma Central, atendendo três estados, e fazendo longos trajetos de carro, de ônibus ou mesmo com o avião do malote pela floresta amazônica. Chegava a rodar 1.000 km em um dia, para traçar estratégias junto às diretorias e às assessorias das cooperativas. Tantas viagens inspiradoras, aprendendo a fazer reuniões com os colegas dentro do carro, de modo a adiantar o serviço operacional.

Em uma dessas viagens, grávida de quatro meses do Artur, saindo do banheiro do hotel, o vidro do box se estraçalha e fico bem ferida. Minha colega Daniele estava no quarto ao lado, e me socorreu rapidamente até o hospital. No outro dia, lá estávamos nós em reunião antes de pegar 500 km de estrada de volta.

Em 2014, após um ano de planejamento, fiz mais uma mudança, de executiva do mercado financeiro para a Instrutoria. Há dois anos eu havia lançado um livro, *Finanças na Prática*, e que deu nome à empresa.

Já em 2022, surgiu a oportunidade de experienciar a governança, agregando situações intensas de uma grande cooperativa em reestruturação. Nesse um ano e pouco que fiquei na diretoria de mercado, foram aprendizados tão intensos e profundos que geraram novas oportunidades de expandir para outros projetos, dentro da empresa que continuei em operação, concomitantemente.

Em 2024, voltei meu foco inteiramente para a instrutoria e mentoria, com experiências intensas e agregadoras. Decisão tomada, uma amiga de longa data, Kely Freitas, com quem cada conversa é um curso intensivo de vida e estratégia, apresenta novas perspectivas.

Meu objetivo é ajudar as pessoas a construírem e trilharem uma carreira de sucesso. O cooperativismo faz parte de meu DNA, e unindo ambas as áreas, cooperativismo e finanças, sigo adiante, com foco no desenvolvimento de carreiras no mercado financeiro cooperativo, mentoria de gestão, certificações e educação financeira.

Amigas marcantes

Sabe aquela pessoa que você conhece há um bom tempo, mas até então não teve proximidade, e por obra de Deus se torna tão importante na sua vida?

Aconteceu na igreja. Após o culto, tinha um jantar. A filha dela estava grávida, e eu também. Assuntos diferentes, gostos em comum. Mesmo primeiro nome, Eliane. Assim começou uma amizade que perdura ao longo do tempo, que traz leveza e alegria não só para mim, mas para as nossas famílias.

A vida me deu muitas amizades de convivência pessoal intensa, Leila, Nina, Alessandra, Carla, Graciele, Ronara, Scheila, Dirce, Ariane, Meg, Iara, Eliane, Milena, Zilda, Sueli, Mariza, Kely, Daiane, Joseane, Maria, cada uma com uma presença importante em minha existência. E claro, não posso deixar de incluir minhas irmãs, Tânia, Giovani e Ângela, e nossa mãe, Teresinha.

Além delas, tantas outras que admiro e que convivi por menos tempo, mas que deixam mensagens fortes em meu ser. Em 50 anos, tantas mulheres impactaram minha vida, que nossas histórias dariam muitos livros.

Uma amiga é como uma pérola. E a sororidade, o fio que nos une como um colar.

Educação financeira

Aprendi com meus pais a cuidar do dinheiro, mesmo que pouco, e a valorizar o fruto do esforço diário, guardar para quando precisa, e fazer reservas para o futuro.

E no exercício de minhas funções, percebi o quanto o assunto é um tabu entre as pessoas; poucos gostam de falar sobre dinheiro, ou sobre a falta dele. E comecei a fazer palestras a respeito de gestão financeira, investimentos, educação financeira dos filhos, finanças para mulheres, finanças empresariais. Escrevi três livros sobre o assunto, um deles se destaca, em coautoria com uma mulher serena e ponderada, Iara, buscando fundamentações bíblicas sobre o trabalho e a renda, o uso adequado e a multiplicação dos recursos, como talentos que Deus nos disponibiliza.

Depois que voltei a estudar, não parei mais, desde MBAs a cursos e certificações. Fiz e mantenho pela educação continuada a CFP® (*Certified Financial Planner*).

Associei-me à APOEF (Associação de Profissionais Orientadores e Educadores Financeiros) e auxiliei na sua expansão, participando de ações para promover a qualificação técnica dos profissionais.

A educação financeira permeia minha vida, desde pequena, com o controle dos poucos recursos que tinha, juntando soja nas curvas para comprar as roupas de inverno. Aprendi a fazer uma boa gestão financeira, a conhecer e gostar de investimentos e, com meu marido, planejar nossos investimentos e de clientes de planejamento financeiro.

A governança

E lá estava eu, junto a pessoas empreendedoras que constituíram e desenvolveram uma cooperativa de crédito, e que buscavam profissionais com alta competência técnica, capacidade de ensinar e estruturar um negócio que foi crescendo pelo espírito empreendedor de seus integrantes.

O glamour de ser diretora me encheu de energia, em um mundo dominantemente masculino. O glamour durou 15 dias, o tempo para eu compreender as responsabilidades e jogos de poder que ocorrem, mesmo em pequenas negociações, da base ao mais alto escalão. E a energia? Essa faz parte de minha essência e se potencializa com os avanços e desafios. Aprendi a direcioná-la para o que vale a pena em cada esfera, a não entrar em discussões desnecessárias, a ouvir mais e analisar os interlocutores e seus objetivos, a compreender os interesses e estabelecer conexões com propósito. Mas o principal: as pessoas são a receita do sucesso de qualquer estratégia. Compreendi o verdadeiro sentido da frase: pessoas certas nos lugares certos.

Entender e demonstrar o impacto de cada situação, seguir normativos do Banco Central do Brasil, Central e Sistema. Compreender com profundidade os indicadores, políticas, Unicad, perfil de pessoas e tantos outros que fizeram desse um ano de grandes aprendizados, e mudaram radicalmente minha visão sobre o mundo da governança.

Se quando eu comecei tivesse tido um mentor, teria sido mais fácil. É uma nova janela que se abre, a partir das constatações de um cargo que exige decisões em 100% do tempo, e cada uma delas impacta a vida de muitas famílias.

De novo, com mais experiência

Quando aprendemos a analisar inteligentemente cada fase de nossa vida, cada aprendizado e como podemos compartilhar essa mensagem com o mundo, estamos cumprindo nossa missão.

O exercício de um cargo de governança me deu outro olhar, de causas e consequências, de estratégias e orientações e que fortaleceram ainda mais a forma de construir caminhos.

A instrutoria é minha paixão, para ajudar a construir carreiras e histórias. As formações em coaching e mentoria organizacional são essenciais para personalizar cada atividade.

Volto para o mundo do ensino, com mais experiência e vivência em todos os níveis de uma organização cooperativa.

Os pilares de uma carreira de sucesso

Uma carreira de sucesso, em praticamente todas as áreas, é desenvolvida com base em quatro pilares: conhecimento, produtividade, comportamentos e mais um ingrediente "secreto".

Conhecimento como base para fazer melhor, mais rápido e com mais resultados.

Produtividade como resultado do conhecimento na prática, com estratégia e direcionamento.

Comportamentos como competência essencial que harmoniza os demais aspectos.

E o quarto: mantenha sua alegria e paz interior, mesmo que em algum momento tenha que sorrir menos, mas nunca perca a sua essência.

A você, leitora, ou leitor, que nos acompanha nas histórias dessas mulheres tão diferentes e tão parecidas, desejo que sua vida seja harmônica, que os desafios sejam intensos e que Deus abençoe você grandemente.

02

QUAL É SEU PROPÓSITO DE VIDA?

Fazer parte desta obra é um verdadeiro presente para mim, é a realização de um sonho. Compartilharei, neste capítulo, um pouco sobre minha trajetória e como me encontrei com meu propósito de vida. Conquistas e desafios fazem parte da caminhada, porém, ter fé em Deus, determinação e persistência, tendo a família como apoio e buscando fazer parte de uma ambiência que contribua positivamente em sua vida, fará com que você tenha clareza daquilo que tem como maior missão: servir a humanidade com seus dons e talentos.

> *Tudo o que a mente humana pode conceber, ela pode conquistar.*
> NAPOLEON HILL

DAIANE CRISTINE DA ROCHA ROSSETO

Daiane Cristine da Rocha Rosseto

Formada em Administração de Empresas pela Uniban – Cascavel/PR. *Expert Coach* – EBPNL – Campinas/SP. Programação Neurolinguística pela Escola Brasileira de PNL – Campinas/SP. Analista de Perfil Comportamental – Solides LCC. Palestrante e mentora. Mentora do programa de mentoria para mais de 1.000 mulheres — Mulher Empreenda Mais – Cascavel/PR. Mais de 15 anos de experiência na área administrativa e gestão de pessoas. Atualmente, está como vice-coordenadora do maior núcleo na Associação Comercial e Industrial de Cascavel/PR, o ACIC Mulher.

Contatos
Facebook: daianecristine.rosseto
Instagram: @daia.rosseto

Daiane Cristine da Rocha Rosseto

Eu ainda era uma menina quando imaginava que o assento do meu balanço era a mesa de escritório da minha empresa. Ali eu brincava que estava trabalhando e ajudando as pessoas a resolverem suas questões, fosse ensinando ou auxiliando em processos ou com ideias. Foi assim que o sonho começou. No instante em que tive consciência do que queria de fato: quero fazer a diferença por onde eu passasse e na vida das pessoas que eu conhecesse por meio do meu trabalho, compartilhando conhecimento e experiências.

Nascida na cidade de Curitiba, no Paraná, fui criada com muito zelo e de maneira conservadora pelos meus pais Dorico Eloi da Rocha e Vanda do Rocio Lemos de Oliveira da Rocha. Irmã da Daniele e do David, sou a mais velha de uma família com três filhos. Desde a infância, sempre gostei de estar em meio às pessoas. Sonhadora e visionária, me pegava pensando constantemente como eu poderia realizar meus sonhos, desde os mais simples até os maiores.

Aos 12 anos, eu já vendia bombons na escola, que minha tia Leila produzia, e produtos da Avon para minhas amigas. Aos 15, meu pai conseguiu um emprego para mim como balconista em uma padaria no bairro onde morava. Esse foi o meu primeiro em regime CLT. Foram quase dois anos vivendo essa experiência até começar a me questionar como poderia mudar aquela realidade; afinal, não era aquilo que sonhava, embora eu até gostasse de trabalhar ali e entendesse que aquele tinha sido o primeiro passo rumo ao meu objetivo.

Uma cliente, que se tornou amiga, sabendo do meu desejo de mudança profissional, com ambições de crescimento, me apresentou sua irmã, a qual gerenciava uma clínica na época, que estava em busca de alguém para ocupar uma vaga de *office girl*. Eu não era, até então, acostumada a sair da vila onde morava para ir ao centro da cidade, tampouco a frequentar bancos, não possuía muito conhecimento de ruas e lugares nem dos serviços pertinentes à vaga. Porém, vi naquela oportunidade a possibilidade não só de aprendizado, mas de crescimento pessoal e profissional e resolvi enfrentar todo e qualquer desafio que me fosse proposto.

Meu primeiro dia de trabalho se deu em uma Quarta-Feira de Cinzas do ano de 2000. Me sentia ansiosa, porém feliz com aquela oportunidade. Minhas primeiras entregas de documentação para os convênios foram atentamente anotadas em uma pequena caderneta junto aos endereços aos quais se destinava sem eu fazer a menor ideia de onde ficavam. Mas isso era o de menos e a frase que norteava meus pensamentos era: "Quem tem boca vai a Roma". Da mesma forma se deu com meus primeiros serviços bancários: depósitos e pagamentos.

Já no ônibus, estrategicamente pensava como eu chegaria naqueles endereços, quem poderia me ajudar, já que a gerente da clínica nem em sonho imaginava que eu mal sabia onde estava, pois não havia comentado que não conhecia aqueles lugares e tampouco como realizar os demais afazeres nos bancos. (risos). Lembro-me de que, ao desembarcar do ônibus, enxerguei de longe uma fila de táxis e pensei: "É lá mesmo que vou pedir ajuda; afinal de contas, tem alguém que mais conhece sobre endereços que os taxistas?"

Com essa mesma intenção, depois de ter conseguido executar com sucesso a entrega das documentações aos convênios, entrei no primeiro banco e, de cara, avistei uma daquelas moças abençoadas que vestiam um avental que carregava a magnífica pergunta: "Posso ajudar?". Perfeito! Pensei eu, meus problemas estão resolvidos.

Em pouco tempo, já tinha o conhecimento dos endereços necessários para a execução do meu trabalho e já dominava os serviços de banco. De quebra, já tinha feito várias amizades que facilitaram, e muito, minha vida como, por exemplo, quando eu chegava cinco minutos antes ou depois do horário de fecharem os bancos. Ah, aqueles seguranças "salvaram minha vida" tantas vezes. Eles mal podiam imaginar. Só o fato de me reconhecerem e me deixarem passar por aquela bendita porta eletrônica sem ter que revirar minha bolsa do avesso já era uma ajuda e tanto.

Não demorou muito para que acontecesse minha primeira promoção. Fui promovida a recepcionista; depois de um tempo, a auxiliar de faturamento; até chegar à coordenação do setor. Sempre fui muito dedicada e busquei entregar além do que era me solicitado. Acredito que isso também contribuiu para que eu chegasse a "lugares mais altos". Essa foi minha primeira experiência enquanto líder. Aos 18 anos, eu já tinha a responsabilidade de liderar alguns colaboradores e fazer um dos setores mais importantes de uma empresa funcionar.

Foram diversos desafios enfrentados, porém, entre erros e acertos, superei cada um com humildade e perseverança. Trabalhei nesse lugar por alguns anos, mas como a zona de conforto nunca foi um lugar em que gostei de estar, resolvi buscar novos desafios em prol de aprendizado, novas possibilidades de crescimento e de servir novos lugares e novas pessoas. Graças a Deus, todas as vezes que me movi ao encontro de algo que me fizesse realizar tudo isso com excelência, as "portas se abriram".

Em 2003, conheci meu esposo, Lincoln, e, em poucos meses, casamo-nos. Final de 2006, resolvemos ir embora para a cidade de Cascavel, no Paraná, em busca de novas oportunidades de trabalho. Logo no começo do próximo ano, ambos fomos recolocados no mercado de trabalho.

Em seguida, resolvi tentar vestibular para o curso de Administração de Empresas. Na época, não era o que eu desejava (queria cursar Direito), porém era o que podia pagar e o que eu precisava para alavancar minha carreira profissional, o que contribuiu significativamente com a função que exercia na empresa em que atuava. Era uma construtora, a qual me deu a oportunidade de fazer a gestão de toda parte administrativa, financeira e de recursos humanos.

Esse foi mais um dos grandes desafios que obtive em minha vida profissional, trabalhar em um ramo predominantemente ocupado pela figura masculina, o da construção civil, sendo uma das três únicas mulheres que faziam parte do quadro de colaboradores (eu e mais duas engenheiras), me fez desenvolver na íntegra algumas habilidades, como liderança, comunicação, inteligência emocional, posicionamento, entre outras. Trabalhei por cinco anos na empresa que acabou se tornando um setor dentro de outra, no ramo de agronegócio, a qual era de um dos sócios quando os outros dois resolveram romper com a sociedade.

Naturalmente, o serviço diminuiu e fui convidada para ocupar o cargo de secretária executiva na grande empresa. Aceitei o convite e me senti lisonjeada; afinal, era um cargo de confiança e atuaria junto à diretoria, como o "braço direito" de um dos donos e de sua família. Tirei de letra as atividades a mim propostas, mas também enfrentei alguns desafios. Dessa vez, quanto às crenças distorcidas que a maioria do gênero masculino possui em relação às secretárias. Lembro-me do quanto precisei ser firme quanto a meus princípios e valores e a me posicionar de modo que me respeitassem como mulher e profissional.

Em meio a uma trajetória consolidada e realizada profissionalmente, aconteceu minha primeira gestação, que acabou não se desenvolvendo e se encerrou com um aborto espontâneo. Dois anos depois, engravidei novamente. Uma gestação delicada, pois sofri com a hiperêmese gravídica. Em 2014, nasceu minha linda filha Giulia.

Só quem passa pela maternidade sabe sobre as delícias e dores desse universo e, junto disso tudo, acredito que ganhamos a oportunidade de nos percebermos como mulher de uma forma nunca feita antes. A dúvida entre voltar ao trabalho, deixando a pequena na escola em período integral, ou abrir mão da vida profissional por um tempo para se dedicar aos cuidados dela e da casa pairava em minha mente 24 horas por dia a partir do primeiro mês de vida de minha filha. Quanta dúvida havia em meu coração! Afinal, trabalhei fora desde muito nova e era apaixonada pelo que fazia.

Embora amasse meu trabalho, escolhi abrir mão dele para me dedicar a minha família. Foi uma decisão muito difícil. Porém, como mencionei, a escolha me possibilitou olhar para dentro de mim como nunca havia feito e decidi passar por um processo profundo de autoconhecimento. Reconheci minhas forças e fraquezas e decidi ir em busca de ajuda, a princípio, espiritual.

Fiz parte, primeiramente, como integrante de um grupo na igreja da qual sou membro, cujo ministério é voltado à cura e à restauração de emoções. De integrante, passei à facilitadora de grupos de mulheres. Que honra poder passar pelo processo e agora servir como instrumento nas mãos do Senhor para ajudar outras mulheres a serem tratadas de suas feridas emocionais!

Junto a isso, resgatei minha essência empreendedora lá da infância e executei várias ideias, entre elas vendas de roupas, organização de pequenos eventos e confecção de cestas de café da manhã. Onde eu via uma possibilidade de fazer dinheiro, lá estava eu executando. Teve o tempo em que voltei para o mercado de trabalho em regime CLT, porém algo dentro de mim dizia que aquilo não fazia mais sentido.

Foi na pandemia da covid-19 que, por intermédio de uma amiga, tive acesso a alguns cursos voltados ao desenvolvimento pessoal. No primeiro curso, me apaixonei pela área e a ideia de me desenvolver e ajudar outras pessoas a fazerem o mesmo por meio do ensino e das minhas experiências tomou com força minha mente e meu coração. Na realidade, acredito que cocriei tudo isso, uma vez que já tinha estabelecido isso lá na minha infância.

Foi algum tempo me preparando, estudando e realizando várias formações, entre elas: Analista de Perfil Comportamental, *Líder Coach*, *Expert Coach*, Programação Neurolinguística, Liderança e Gestão, entre outras. Essas formações, com o curso de Administração e toda a minha experiência de mais de 16 anos como CLT, me deram condições de trabalhar para mais de uma pessoa e empresa.

Empreender é um desafio e requer muita dedicação, resiliência e persistência. Frequentar boas ambiências nos fortalece, nos inspira e nos dá o combustível necessário para realizar nosso propósito. E foi em um momento de fragilidade como mulher e empreendedora que busquei um grupo para pertencer, um lugar não só onde eu pudesse ser fortalecida como também pudesse servir. Encontrei o ACIC Mulher.

Lembro-me bem da primeira visita, em que fui bem acolhida. Mas isso não foi só o que me fez ter certeza de que aquele era o lugar do qual queria fazer parte. Era dia de Circuito Empreendedor, dia em que uma empreendedora conta sua história de vida e profissional. Saí de lá emocionada, com os olhos marejados, e sim, encontrei naquele grupo e naquelas mulheres o que eu buscava: a sororidade.

Um agradecimento especial a Cristiane Ortolan, a mulher que se permitiu abrir seu coração naquele dia, sem reservas, sem fazer ideia do resgate que estava fazendo da vida de tantas mulheres. Gratidão, Cris, você é luz! Receba, por aqui também, toda a minha admiração e carinho.

O ACIC Mulher se tornou uma das paixões da minha vida. Desde o primeiro dia me dedico de todo o coração a esse grupo. Hoje digo com muito orgulho e amor que estou à frente como vice-coordenadora e, em breve, assumirei a coordenação do maior núcleo da Associação Comercial e Industrial de Cascavel, tendo a possibilidade de servir outras mulheres por meio do fortalecimento do empreendedorismo feminino.

Sou muito grata a Deus por conceder os desejos do meu coração, por me direcionar a este lugar onde tenho feito grandes amigas, daquelas mais chegadas que uma irmã, como a da Joseane Conrado, hoje coordenadora do grupo (Jô, amo sua vida; você se tornou inspiração para mim, me ensina muito e é muito especial) e da Maria Carolina Gurgacz, que foi quem me acolheu com muito carinho desde o primeiro contato lá no Instagram (Mah, amo sua vida também! Seu amor pela vida das mulheres e sua força me constrangem). É nesse lugar que também tenho me desenvolvido como pessoa e profissional.

Não posso deixar de agradecer também a meu esposo Lincoln e à minha filha Giulia, que têm sido para mim um dos principais apoio, me dando condições de realizar aquilo que sonhei lá na minha infância: fazer a diferença por onde passo. Diferença na vida de pessoas e empresas, seja por meio da análise de perfil ou de mentorias individuais, de treinamentos em que compartilho meus conhecimentos e experiências, trago para as pessoas seus pontos fortes e aqueles que necessitam de melhorias, tornando-as conscientes de quem são, tendo a possibilidade de auxiliá-las no desenvolvimento de habilidades e por meio da consultoria, contribuindo no mapeamento e desenvolvimento de processos de suas empresas.

A voz da sororidade

Poder servir, tornando-me um canal de amor para fazer o outro crescer e prosperar, tem sido minha maior realização e a certeza do cumprimento de meu propósito. Afinal, não somos limitados a nada, basta sabermos quem nascemos para ser.

Acredito que nosso maior propósito neste plano é servir ao próximo com nossos dons e talentos.

MULHERES QUE ELEVAM E INSPIRAM OUTRAS MULHERES

Uma história de construção de fé, movida por confiança, mudanças de comportamentos e resultados cada vez melhores.

ALESSANDRA PANSIERO SKURA

Alessandra Pansiero Skura

Casada e mãe de dois filhos. Nutricionista funcional, treinadora comportamental, palestrante, analista de perfil comportamental, coautora do livro *Mulheres que realizam*, *master coach* integral sistêmico com a certificação *Golden Belt* (a mais completa certificação em *coaching* do mundo), treinadora dos cursos: Poder da Ação, Poder e Alta Performance, o Poder da Autorresponsabilidade, Jeito de Viver Família e Decifre e Influencie Pessoas. Especialista em desenvolvimento pessoal de mulheres, criadora do Método Mulheres de Valor Aplicado individual e em grupo, presencial e on-line em milhares de mulheres. Cuide de você e seja uma inspiração para infinitas mulheres que se levantarão com sua mudança de vida.

Contato
Instagram: @alessandrapansiero

> *Não fui eu que ordenei a você? Seja forte e corajosa!*
> *Não se apavore nem desanime, pois o Senhor, o seu*
> *Deus, estará com você por onde você andar.*
> Josué 1:9

Vamos trabalhar essência da nossa vida, intensificando a sua fé, constância, sabedoria em Deus, fortalecer sua confiança em se tornar uma mulher com virtudes, com atitudes de força e coragem. Sendo curada, para assim ser fonte de inspiração para tantas mulheres que necessitam escrever uma nova história de vida.

Deus nos ensina, nos pede, nos ordena, que sejamos fortes e corajosas, que estejamos com ânimo, que nos levantemos para sermos melhores. Assim, precisamos estar todos os dias trabalhando a nossa fé, porque nós temos um Deus poderoso capaz de construir, refazer e curar todas as coisas, todas as nossas dores e fragilidades como mulher.

Eu já fui uma mulher...

Com atitudes fracas, de insegurança, de medo, de muita procrastinação, cheia de traumas, lembranças de dor e sofrimento do passado, já murmurei muito, só reclamava da vida e das pessoas a minha volta; as palavras negativas e de vitimismo eram comuns no meu dia a dia, em tudo o que fazia e falava. E, com tudo isso, também tinha uma fé fraca, distante e totalmente sem confiança em mim e em quem eu poderia me tornar, porque, de maneira muito profunda, eu estava focada no passado e não em um futuro melhor, muito menos em mudar de vida, mudar de atitudes, sem pensar em ser uma pessoa melhor para construir um futuro melhor.

É importante relembrar que tudo isso acontecia internamente na minha vida, no meu coração e na minha mente. Por fora, eu estava sendo forte, decidida, corria atrás, mas não me mantinha nisso; fazia e fazia, porém, existia um buraco emocional dentro de mim. Para os outros, até estava indo bem, mas verdadeiramente dentro de mim não estava feliz e tinha sempre um sentimento de fazer mais para ficar bem e, no final, um sentimento de nada dar certo, nada estar bom.

E as maiores causas disso tudo eram relacionamentos difíceis com as pessoas, brigas, discussões, desentendimentos e afastamento. Tudo o que pensamos e sentimos atraímos para nossa vida. Então, consequentemente, só atraía mais problemas e mais pessoas feridas, ajudar outra mulher a se levantar nessa fase, impossível, porque eu não ajudava nem a mim mesma.

Viver um processo verdadeiro de transformação de vida não é simples. Muitas vezes pensei em desistir, porque desistir é mais fácil. Muitas vezes, por falta de consciência, nós não queremos olhar e viver a dor para que, assim, ela seja curada. É natural nos sabotarmos o tempo todo, porém isso não cura, não ressignifica. O que faz isso acontecer é, com verdade e humildade, viver um processo de perdão, deixar para trás o que faz parte do passado e decidir todos os dias ser uma pessoa melhor, amar mais, julgar menos, colocar-se no lugar do outro com empatia.

É um processo que não tem fim, porque é natural que sempre queiramos ser melhores. Então, a busca continua e os ganhos só aumentam.

Grave esta frase: *Tudo em que colocar sua atenção, isso se tornará grande.*

Quando estamos focados apenas em nós e nos nossos problemas nos distanciamos das pessoas, principalmente daquelas que queremos ter um bom relacionamento, e o problema só aumenta e tudo se torna ainda mais difícil.

A proposta aqui é ser inspiração para outras mulheres, para aquelas que desejam renovar a mente, que querem viver de modo melhor, se sentir mais amada, apoiada, se sentir acolhida, crescer e evoluir a partir das histórias, dos erros e acertos que cometemos ao longo de nossas vidas. Então, eu quero acalmar seu coração porque tudo isso é possível, você é capaz de mudar, melhorar, de ressignificar sua vida e construir uma nova história.

Você que tem medo, insegurança, que não consegue enxergar uma vida melhor. Acredite, Deus está preparando o melhor para sua vida, e Ele está trabalhando nos mínimos detalhes para seu crescimento. Tudo o que você está vivendo hoje faz parte de seu fortalecimento para ser melhor, para viver o melhor na sua vida.

Qual é o caminho?

Esteja em constante oração por você, para a sua vida, para a cura do que dói, pelas pessoas de sua família, para que Deus te dê sabedoria e discernimento por qual caminho prosseguir. Converse com Deus, procure por intensa intimidade com Ele. Isso fortalecerá, trará um novo entendimento sobre os sentimentos que envolve a segurança da mulher, da nossa fé, do acreditar. SIM, acreditar em Deus e em suas capacidades de evoluir e ser uma pessoa melhor. Busque mais porque você pode e merece mais, saia de sua rotina, aprenda conteúdos, técnicas, ferramentas, busque por maneiras de evoluir. Eu creio que tudo isso venha como uma grande inspiração e fonte de vida de um futuro melhor.

Foi isso que fiz. Em muitos momentos que me senti fraca, totalmente insegura e frágil, busquei incansavelmente por mudanças, na busca de ser uma pessoa melhor. Fiz tantas coisas, inclusive busquei por caminhos errados, que só me feriram ainda mais. Como isso tudo dói, como mexer numa ferida ainda não curada faz sangrar, me fez reviver a dor e, naquele momento, parecia que não teria solução, parecia que nunca sairia do fundo do poço.

Simples não é, fácil não é, mas o que posso te falar e comprovar com minhas mudanças e tantos ganhos é que SIM é possível, e nós conseguimos a partir de tantas mudanças e ganhos. Deus colocou profundamente em meu coração o desejo de desenvolver um método para mulheres para que também pudessem mudar de vida, para se fortalecerem emocionalmente e, assim, conseguirem se posicionar e terem novas experiências.

O Método Mulheres de Valor é uma metodologia intensa, de grandes descobertas, para você ir além, se conhecer profundamente, aprender a agir com inteligência emocional, entender o que é bom e ter a chance de ser ainda melhor, abrir a mente para o que deve ser perdoado, mudado ou melhorado.

Nessa metodologia, trabalho muitas ferramentas de cura, restauração emocional, vivências sobre o perdão, um olhar para o que precisa ser deixado para trás e ressignificado, se libertar dessas dores e sofrimentos, angústias, apego e dependência emocional. Enfim, definitivamente são para as mulheres fortes e corajosas, aquelas que querem muito ter uma nova experiência de vida e melhores resultados no dia a dia.

Durante o processo, a mulher vai identificar e fortalecer características positivas, capacidades e merecimentos, vai aprender a mudar comportamentos que antes vinham lhe trazendo resultados negativos, com foco em mudança de mentalidade, comunicação positiva e efetiva, postura, alinhamento de expectativas sobre o outro, posicionamento, falar "não" com empatia e sem prejudicar.

Com muita intensidade, são trabalhados a valorização da mulher e o poder de valorizar as pessoas que estão à sua volta, na busca de ter bons relacionamentos. É sobre mudar de vida, ser e fazer o melhor sempre, por nós e pelas pessoas próximas a nós. O objetivo disso tudo é colhermos os frutos de tudo aquilo que decidimos fazer diferente, para um futuro novo e melhor. E para conquistar esses resultados, precisamos estar dispostas e nos dedicar, como tudo na vida onde queremos um resultado positivo, para tudo demanda esforço, dedicação, acreditar, ter fé, esperança e novas atitudes.

O que mais me fez crescer e evoluir com o Método Mulheres de Valor foi ver a amizade, o amor, a conexão e o vínculo criado entre as mulheres durante cada turma que apliquei a metodologia. Foi surreal o que aconteceu na vida delas; incentivo, uma inspirando e motivando a outra a também conseguir resultados melhores e a se levantar. Quando uma desanimava ou tinha dificuldade em evoluir, eram os resultados daquelas que estavam mais dedicadas que impulsionavam as mais desanimadas a também prosseguirem e se dedicarem mais. Isso: faz total diferença em nossas vidas: mulheres que têm bons resultados e que apoiam e incentivam.

No grupo isso é muito comum, poder ver a dor da outra nos conecta e faz a gente se tornar pessoas melhores que pensam no bem e no melhor para outrem. Isso foi fundamental para todo o processo de evolução que verdadeiramente frutificou na vida de cada uma delas. Trata-se de viver a sororidade na prática, o que fez a diferença nas nossas vidas, faz a gente se manter no processo e se policiar a ser melhores para ser inspiração para aquela que talvez tanto precise de você.

Construa sua nova história de vida com amor, compaixão de você mesma e das pessoas ao seu redor, com perseverança, fidelidade, empatia, conexão e união com as pessoas, intimidade com Deus, muita fé, entrega a Deus e oração. Busque fortemente esse caminho de se aproximar de Deus, com força, caridade e generosidade contigo e com as pessoas a sua volta.

 Aprenda a criar e a manter laços de amor, conexão, empatia e fé com as pessoas que você ama e quer por perto. Aproxime-se das pessoas que te inspiram e te aproximam de coisas melhores para sua vida, principalmente as que te aproximam de Deus. Lembre-se: isso é um caminho a ser construído, que, com certeza, valerá toda a sua dedicação, pois será você a pessoa a colher esses frutos.

 Na sua vida, quantas vezes você já caiu e se levantou, quantas vezes parecia impossível e tudo passou, e hoje o recado que Deus tem para sua vida, mulher, é este: Ele está com você, Ele cuida de cada detalhe na sua história, Deus mandou te dizer que tudo vai passar. Acredite. Levante-se. Pessoas te esperam e elas te amam. Toda a tempestade vai passar, tudo vai melhorar. Mesmo que seu passado represente seu maior desafio, vai passar, isso mudará. Você crescerá e evoluirá muito com sua experiência de vida e com tudo que passou até hoje. Acredite. Tudo isso faz parte de seu propósito de vida.

 Você já teve uma mulher que fez toda a diferença na sua caminhada de evolução? O quanto isso foi importante para suas decisões? O que Deus diz forte no meu coração é que hoje ele também está te preparando para ser essa inspiração na vida de outras mulheres.

 Minha visão sobre sororidade é que ela representa, entre mulheres, união em busca de um bem comum entre elas, em busca de uma levantar a outra, uma inspirar e fortalecer a outra. É poderoso o que isso pode fazer entre as mulheres que decidem apoiar umas às outras.

 Quantas vezes criticamos outras mulheres, julgamos e nos afastamos de ter bons relacionamentos com elas. Não é sobre isso, é sobre desenvolver dentro de nós a empatia, se conectar com a outra com amor, com generosidade, sem julgamento, buscando entender, elevar, ajudar, incentivar a vida, os sonhos e desejos de outras mulheres. Seremos aquelas que incentivam sendo inspiração e colocam umas às outras para a frente, com amor e carinho.

A alegria de ser inspiração para mulheres você só terá vivendo a experiência, tão gratificante e extraordinária; por isso faça, comece, recomece, quantas vezes forem necessárias, vai valer a pena.

Nos relacionamentos com outras mulheres, se não puder levar algo positivo ou ajudá-las, **cale-se**. Mas se puder, fale algo **positivo**, elogie, agradeça, apresente novos caminhos, novas oportunidades. Colocando-se no lugar da outra para fazer o bem, propositalmente, porque isso deve se fazer presente em você como um forte desejo. Eu acredito que temos tanto a oferecer, tanto a fazer o bem para o outro e Deus tem colocado esse desejo ardente em seu coração, sobre exercermos esses dons e talentos que Ele nos deu em fazer o bem e amar uns aos outros.

E para que possamos viver isso verdadeiramente, primeiro precisamos tratar, curar e fortalecer nosso relacionamento com Deus e com a gente mesmo. Sim, olhar para nossas feridas, nossas dores, nos conhecendo e entendendo nossos comportamentos que vêm causando prejuízos. Para iniciar esse processo de mudança, é tão necessário olhar para dentro, curar e restaurar a nós e às nossas dores.

Quantas vezes cada uma de nós tivemos um bom resultado em nossas vidas por receber um incentivo, uma palavra amiga, um conforto ou inspiração de outra mulher. A sororidade é inteiramente sobre isso, ela nos envolve em acolhimento, amor e respeito.

Existe uma atmosfera diferente por trás da verdadeira e sincera sororidade; é muito envolvente, tem um carisma a mais, o que faz com que a gente se movimente, que nos levantemos para a ação e vivamos uma experiência positiva como essa pessoa também viveu.

Mulheres inspirando outras mulheres

Aproxime-se de pessoas abertas a te ajudar, pessoas que assim como você já passaram por esse caminho, já se sentiram sozinhas, fracas, frustradas, na procrastinação. Porque essas mulheres saberão como te ajudar por já terem vivido esse processo de cura.

Lembre-se: *pessoas feridas ferem pessoas e pessoas curadas curam pessoas.*

Sei o quanto Deus agiu na mudança de cada uma dessas mulheres e na minha também, nos fazendo fortes, passando a acreditar em nós mesmas, sendo verdadeiras, humildes a ponto de pedir ajuda, de reconhecer nossas falhas e que precisamos de ajuda de quem já passou pelo processo e teve resultados; ter a clareza de que precisamos ser ajudadas, deixarmos o orgulho de lado, não é tão simples, mas é um grande passo para o processo de mudança, evolução e transformações.

Vale a pena você confiar, dedicar-se, experimentar o novo, desenvolver-se, pois é sua vida e seu futuro que estão em jogo, e todo o processo de mudança depende exclusivamente de suas decisões e atitudes de hoje. Lembre-se: você não precisa, e sim VOCÊ é totalmente merecedora de viver tudo isso.

Levante-se para viver o melhor de Deus, confie e decida mudar sua vida. Acredite mais no Poder de Deus, em suas decisões e ações diárias.

Deixo aqui minha gratidão a Deus, pois creio que foi Ele, para Ele e por Ele que fui tão impactada nas mudanças da minha vida, principalmente na minha fé e confiança que Ele é capaz de fazer tudo por mim.

Agradeço a todos os meus familiares, em especial a meus pais Osmarino e Maria, a meu esposo Rivelino e a meus filhos, que me inspiram a ser uma mãe melhor todos os dias, Felipe e Lívia. Amo todos vocês.

E gratidão a todas as mulheres que, de alguma forma, passaram pela minha vida e decidiram mudar suas vidas a partir do método Mulheres de Valor. Vocês são muito importantes para a minha história.

Se quiser evoluir e mudar de vida, conte com minha ajuda para que possa viver uma nova experiência e ter resultados ainda maiores.

Acesse meu instagram por meio do *QR code* abaixo:

04

A CORAGEM DE VIVER

Diariamente acordamos e seguimos nossas rotinas, muitas vezes reclamando por ter que acordar cedo, pelo trabalho que temos, porque está frio ou calor e, na maioria das vezes, quando passamos por situações de medo, mudança, datas especiais, fazemos promessas de mudanças que não acontecem. Imagine se, em um dia, sua vida virasse de cabeça para baixo e você soubesse que em algum momento poderia parar de fazer coisas simples, e que cada dia que você vivesse fosse uma vitória por ter simplesmente passado mais um dia bem. Essa parte da minha história começa ou reinicia em um ponto que talvez, para muitas pessoas, poderia ser o motivo de desistir.

**BRUNA CECCHELE
LIMA VANZELLA**

Bruna Cecchele Lima Vanzella
CRN8 4498

Formada há 17 anos em Nutrição pela Faculdade Assis Gurgacz (FAG). Pós-graduada em Nutrição Clínica pelo GANEP-SP, pós-graduada em Nutrição Enteral e Parenteral pelo GANEP-SP, pós-graduada em Nutrição Funcional e Fitoterapia – (IAPP), pós-graduada em Fisiologia do exercício pela Uniguaçu. Atendimento em clínica desde a formação, trabalhou por nove anos no CRF-Unioeste, atendendo pacientes de todas as idades com diversos tipos de patologias; fez parte, por dois anos, do atendimento ao grupo de pacientes bariátricos do HUOP. É professora da disciplina de Nutrigenômica na Fatec, fator que também contribui na prática clínica diária. É membro do Núcleo de Nutrição da ACIC, que tem uma grande importância, uma vez que o objetivo é mostrar o valor do profissional da Nutrição e desenvolver programas que ajudem a população da cidade a incluir, de alguma maneira, hábitos mais saudáveis em suas rotinas. Idealizadora do PODBRU: a verdade nutri e crua, podcast com episódios quinzenais ao vivo com conteúdo leve e esclarecedor sobre nutrição, saúde, estética, suplementação e performance.

Contatos
contatobrunanutricao@gmail.com
Podcast: PODBRU: a verdade nutri e crua
45 99914 8757

Em 2012, eu estava com dor de cabeça e, mesmo assim, fui atender uma paciente. Não deixava meus compromissos por dor ou mal-estar. Em meio ao atendimento, me senti estranha, comecei a ficar com dificuldade na fala, uma sensação de não conseguir controlar meu corpo, me sentindo impotente, mal sabia eu o que estava por vir.

O diagnóstico

Tentei explicar à minha paciente que algo não estava bem, não conseguia falar ou escrever nem uma palavra, como se o meu pensamento não tivesse lógica, saí da minha sala e fui ao banheiro. Peguei meu celular e mandei uma mensagem para meu pai, que veio me socorrer e me levou para o pronto-socorro. A partir desse dia, minha vida mudou.

Fiz exames e um médico neurologista, ao avaliar, disse: "Há pequenas lesões, provavelmente são da enxaqueca". Por um momento fiquei aliviada, mas eu continuava me sentindo mal, perdi a força das pernas, sentia que o equilíbrio e a coordenação não eram os mesmos, continuava me sentindo esquisita. Meus pais insistiram em procurar outro médico, também o diagnóstico não chegou a ser fechado, e partimos para uma terceira opinião. Fiz mais exames, incluindo a punção liquórica, que é o exame do líquido da espinha. Alguns dias depois, saiu o diagnóstico: esclerose múltipla, uma doença inflamatória crônica que afeta o sistema nervoso central. Os sintomas mais comuns são o comprometimento da visão, incapacidades relacionadas ao movimento, prejuízos cognitivos e de memória, déficit sensitivo e outros.

O médico explicou todas as fases da doença, como que em cada pessoa pode ter diferentes formas de resposta e grau de comprometimento, mas eu não via a possibilidade de ter uma vida normal; veio o desespero, a tristeza, o medo e a insegurança. Depois de um tempo fazendo exames, um deles demonstrou uma alteração bem significativa, e o laudo dizia: "Células neoplásicas tumorais".

Questionei tanta coisa, por que eu? Questionei Deus por tantas vezes, mas hoje, com maturidade, tem uma resposta muito melhor, e isso vou contar ao longo da minha história.

O neurologista falou que essa nova lesão estava muito grande, o que justificava alguns sintomas, e me passou uma medicação de corticoide. Passaram-se alguns dias, repeti a ressonância e, por um milagre, a mancha havia desaparecido. Duas frases clichês, mas verdadeiras: "Poderia ser pior" e "isso também vai passar".

Theodoro e Rodrigo, meus presentes

Depois de um tempo, eu e Rodrigo decidimos nos casar. Fizemos nossa festa de celebração em 2015. Eu tinha medo de ser um peso na vida de meu marido, mas ele sempre disse que passaríamos por tudo juntos. A empresa ia bem, investimos em mais alguns aparelhos, faziam três anos da crise inicial.

Um dia, perdi o foco da visão. No hospital, o neurologista de plantão foi grosseiro. Perguntou se eu estava tomando alguma medicação para esclerose. Respondi que não, que meu médico estava fazendo controle evolutivo da doença. Ele simplesmente falou: "Então você tem que tomar, esse seu médico não sabe de nada!".

O desespero voltou, pensei que eu estivesse todo esse tempo levando a doença de uma forma errada. Perguntei: "Mas eu quero engravidar". Ele respondeu: "Então engravida pra ontem! Virou as costas e disse que iria me internar".

Passei a noite no hospital. Pela manhã, o médico falou que faria uma nova punção da medula. Eu, sozinha e sem questionar, passei novamente por este exame, sem necessidade, pois não teria como o resultado ser diferente.

Dessa vez, o exame foi terrível e doloroso. No retorno da consulta com esse mesmo médico, ele foi rude e sem compaixão pela situação. Acredito que essa situação me fez crescer em consultório com meus pacientes, aprender a ouvir as pessoas, compreender que todos temos momentos difíceis; independentemente da dor do outro, ser empático é fundamental.

Ainda bem que eu tinha meu médico. Ele disse que a gestação poderia ser tranquila, que os sintomas raramente aparecem e eu poderia amamentar normalmente; e depois voltaríamos a realizar os exames e entrar com a medicação.

Um ano depois, veio o Theodoro; e mudou o sentido de tudo, minha vontade de viver, de fazer acontecer, de ser melhor, de conquistar o possível e o impossível.

Filho, escolhas, e uma palavra que fez a diferença

Ser mãe nem sempre é fácil, passei por vários momentos difíceis, que me fizeram questionar muitas coisas da vida e para a vida.

Mas minha maior força veio desse ser iluminado. Eu seguia com a clínica de estética e atendia no Centro de Reabilitação Física da Unioeste. Eu amava trabalhar lá; foram nove anos de muito aprendizado. Após o nascimento do Theo, tive quatro meses de licença-maternidade no CRF, mas o luxo de ser dona do próprio negócio nem sempre proporciona a paz e o conforto que você tanto deseja. Na clínica, 15 dias depois, estava trabalhando.

Um dia, eu estava amamentando o Theodoro, olhei para o relógio e faltavam dez minutos para iniciar o atendimento. A clínica ficava há 4 km de distância, tirei-o correndo dos meus braços sem ter finalizado, eu estava atrasada. No percurso, o peso na consciência foi tomando conta de mim. E, no desconforto, procuramos aliviar com um pensamento sabotador, no meu caso foi: "Uma hora eu precisaria voltar à rotina, é assim mesmo".

No trabalho, senti meu peito doer e fui para a sala da enfermagem. Aquela mulher maravilhosa que estava ali mudou minha vida, acho que ela não sabe disso até hoje. Ela me perguntou o que eu estava fazendo lá. Falei: "Vim trabalhar, a agenda está cheia". Ela disse com um meio sorriso no rosto: "Vai embora, tem alguém muito mais importante que precisa de você. Os pacientes voltam outro dia, o seu momento com seu filho não". Comecei a chorar, e ao mesmo tempo sorri aliviada; peguei minhas coisas e fui para casa.

Decidi sair do trabalho. Eu tinha medo, por questões financeiras, mas precisamos estar atentos aos sinais e escutar nosso coração. Fiquei mais com o Theo, conseguia levá-lo comigo na clínica, podia optar por não ir trabalhar, descansei. No fundo, sabia que precisaria me dedicar à família, mas também à minha carreira.

Saindo da zona de conforto

Para que eu me sentisse novamente mulher, dona de meu negócio, profissional da nutrição, tive que fazer muitas coisas com as quais não estava acostumada. Comecei a estudar mais e foquei no meu propósito.

Conheci uma mentora de marketing digital e, no final de 2019, contratei uma mentoria de um ano. Em 2020, chegou a pandemia. Como eu poderia cumprir meus compromissos financeiros? Colocamos uma meta inicial de faturar R$ 10.000,00 por mês, mas como fazer isso? Iniciei os atendimentos on-line, cobrei abaixo do que fazia, criei e-books, estudei as estratégias de pessoas que eu admirava e fiz *lives* com eles, aumentei minha visibilidade. Com meta de 30 *lives*, diariamente eu teria que ter conteúdo informativo. Eu morria de vergonha, e minha mentora me disse: "Vergonha não paga a conta".

Fiz *lives* diárias com receitas de minuto ou para micro-ondas. Fui convidada para dar aula em uma pós-graduação on-line, fechei grupo de emagrecimento com academias. O que eu conquistei na pandemia me tornou excelente hoje.

Voltando um pouco: a venda da empresa

Logo que engravidei, havia comprado a parte da minha sócia na clínica. Meu marido me apoiou. Eu continuava atendendo na Unioeste, e me dividia em dois períodos de trabalho. Com a empresa, eu cuidava do financeiro, marketing, atendia no consultório, fazia tanta coisa que eu não aproveitei minha gestação como deveria e/ou gostaria. Quando Theodoro nasceu, eu peguei licença-maternidade da Unioeste, mas na minha empresa isso não foi possível. 15 dias após meu parto, estava atendendo. Graças a Deus, tenho uma família maravilhosa que me apoia e me deu suporte. Theo não dormia bem, e eu também não. O tempo foi passando, e o sono, sobrecarga de trabalho e maternidade foram se tornando difíceis de conciliar.

Ter uma empresa tem seus altos e baixos, é preciso se desdobrar para manter a empresa atualizada e a motivação dos funcionários. Resolvemos vender a empresa e alugamos uma sala nova, do nosso jeitinho; enão iniciamos uma nova fase das nossas vidas.

A maior virada de chave

Com um ano de clínica nova, tudo andava bem, já faturava mais de R$ 20.000,00 por mês. Treinando, atendendo, dando as aulas na pós-graduação, e parceiros. Tirei 15 dias de folga, pois minha irmã veio nos visitar. Era Natal de 2021.

Saí para caminhar com ela, era dia 27 de dezembro de 2021, o dia em que eu aceitei que tenho uma doença que pode me tirar tudo em um passe de "mágica". Estávamos há duas quadras de casa, comecei a sentir um formigamento no meu braço, nem pensei que poderia ser algo mais grave.

No dia seguinte, o formigamento continuava. Eu tinha que ir até a clínica, pois tinha alguns planos alimentares para fazer; percebi que não estava normal. Fui ao hospital, fiz exames e fui internada. Em virtude dos protocolos da Covid-19, eu não teria acompanhante, e chorei sozinha.

Às vezes, reclamamos de várias coisas e não valorizamos outras tão importantes, o dia a dia. Pequenas coisas fazem diferença na nossa vida. Quando fui para casa, senti a dificuldade ao fazer a primeira refeição de garfo e faca, não conseguia firmar o movimento, cortar direito a comida. Não conseguia amarrar o cabelo, quebrar ovos, movimentos pequenos que passam despercebidos. Sabia que por uns dias não conseguiria atender, e viajei com minha família para a praia por alguns dias.

Nos últimos dias do passeio, meu filho começou a passar mal, era covid-19. Eu também peguei a doença, mas sem sintomas. Alguns dias após, repeti a ressonância e surgiu uma nova lesão na região cervical, sinal de Lhermitte; eu sentia um choque quando olhava para baixo.

Sempre fui muito ativa, mas não conseguia levantar os pesos no crossfit, e estava sem coordenação. Marquei uma aula experimental de luta, kickboxing, e o professor fez uma aula adaptada. Isso me ajudou a melhorar a coordenação, reduzir o estresse, recuperar um pouco da força, melhorar a lateralização, e eu me encontrei em outro esporte novamente. Voltei para o crossfit, chorei por vezes, ouvi coisas que me desmotivavam de colegas, cobranças de profissionais que não entendiam o que eu estava passando, mas existem pessoas boas que se solidarizam e me ajudaram. Nesse tempo, graduei-me no kickboxing, participei de campeonato de crossfit e faço musculação.

Falo sempre em virar chaves, acredito que na nossa vida fazemos isso por diversas vezes, crescemos com experiências, aprendemos com situações boas ou ruins. Acredito que evoluir faz parte do nosso processo, crescer em atitudes, pensamentos fazem a diferença para transformar as pessoas ao nosso redor. Entendi que a minha profissão foi feita para mim. Poder ajudar a melhorar a qualidade de vida das pessoas, inspirar de alguma forma e motivar o autocuidado fazem parte da minha rotina há anos, mas eu nunca havia enxergado da forma como vejo hoje.

Tudo o que passamos não tem manual de instruções, o que vai determinar o resultado é a forma como lidamos com as situações e as pessoas, sair da zona de conforto, não esperar o tempo passar e lá na frente ver que não fizemos nada de diferente.

Hoje eu sei que posso e consigo, quem está ao nosso entorno pode nos ajudar de alguma maneira, mas se não vier de nós mesmos, nada mudará.

Hoje eu treino, trabalho, tenho filho, marido, tenho um podcast quinzenal sobre nutrição, estou escrevendo um capítulo de um livro com minha história, atendo pessoas de vários lugares do mundo e atletas de diversas modalidades, inclusive o time de futsal da cidade, faço parte do núcleo de Nutrição, tenho uma coluna na rádio, dou mentoria e consultoria para profissionais da área de Nutrição, sou feliz e completa.

Já conquistei tudo? Não. Tenho diversos planos. Tenho esclerose múltipla. Mas isso jamais me definirá ou me parará, por mais que o medo exista todos os dias e existirá, tenho somente esta vida, e a forma como eu vou passar o resto dos meus dias será conquistando meus sonhos, para que meu filho e minha família tenham orgulho de mim e para que eu tenha orgulho das minhas conquistas e continue fazendo diferença na vida das pessoas.

A mudança assusta, não tenha medo de ser feliz, confie em si, viva sua melhor versão, lute por seus sonhos, seja humilde. Somente você tem a chave da sua vida, e pode escolher as portas que irá abrir.

05

DRIBLANDO A CIRCUNSTÂNCIA E TRANSFORMANDO A REALIDADE

Nem sempre, as condições serão as mais favoráveis para a construção do nosso futuro, mas eu quero lembrá-la de que é possível mudar a sua história quando você decide dar certo na vida. Por isso, quero compartilhar um relato honesto e inspirador sobre a jornada de uma empreendedora que transformou desafios em oportunidades. Este capítulo não apenas celebra realizações profissionais, mas também oferece *insights* valiosos para aqueles que buscam trilhar o próprio caminho empreendedor. Este é o relato autêntico da minha história e eu espero que inspire os leitores a perseguirem seus sonhos, independentemente das origens ou obstáculos que possam encontrar ao longo do caminho.

BRUNA SAARA

Bruna Saara

Engenheira ambiental e de segurança do trabalho, MBA em ESG de Alto Impacto, especialista em gestão ambiental, social e governança corporativa, auditora interna da ISO 14001:2015, palestrante em educação ambiental com foco na integração da Agenda ESG e nos Objetivos de Desenvolvimento Sustentável (ODS), gestão de resíduos sólidos, formação de lideranças e facilitadores em ESG e processos de gestão organizacional. Vice-presidente para assuntos ESG da Associação Comercial e Industrial de Cascavel/PR, diretora na empresa Renova Consultoria ESG.

Contatos
https://gruporenovaesg.com.br
bruna@gruporenovaesg.com.br
Instagram: @brunasaara
46 99922 1949

Como é possível alguém que teve a sua base familiar disfuncional, pouco acesso à informação, estudou em escola pública e não teve privilégios em suas contratações conseguir ser "alguém na vida"? Provavelmente, você já ouviu algumas dessas contextualizações ou até mesmo se identifique com elas. A vida, em muitos momentos, não pega leve com a nossa história.

Eu poderia discorrer sobre uma história de lástima e murmuração, e você entenderia, pois é difícil não se comover com diversas situações que passei. Mas, com o privilégio de compartilhar aqui a minha trajetória, quero demonstrar as oportunidades que o caos, a dor e os desafios nos reservam. Você vem comigo?

Esta é a história de uma jovem de 27 anos, que nasceu na cidade de Quedas do Iguaçu, Paraná, e teve sua infância escrita em um sítio no interior de Espigão Alto do Iguaçu. Uma garotinha criada pelos avós, que não conheceu o pai; e a mãe, sempre trabalhando, não conseguiu ser presente na criação. Minha jornada não teve o início mais favorável nem as melhores condições, mas tem todos os ingredientes que uma pessoa precisa para olhar para trás e dizer: nós não escolhemos as condições que chegamos a este mundo, mas podemos definir como trilharemos nosso caminho.

A minha primeira fase de vida e a estrutura da base familiar permitem avaliar a jornada e identificar onde tudo começou a ser moldado, identifica quem sou hoje. Nós somos fruto de um conjunto de fatores que constituem nossos princípios, valores e crenças. E assim como você teve a sua realidade moldada por esses fatores, a minha não foi diferente.

Venho de um lar onde o tempo de diálogo para assuntos importantes era bem reduzido. Dessa forma, na maioria das vezes, as minhas próprias conclusões eram tiradas de fontes externas, e assim surgiram algumas crenças: para ter muito dinheiro, você precisa fazer algo errado; homem não presta; eu nunca seria boa o suficiente; e várias outras que eu poderia destacar.

Ao mesmo tempo que tive essas crenças construídas, também tive apoio da minha avó. Ela sempre quis assegurar que as netas estariam encaminhadas, pelo menos com estudo; para ela, essa era a realização do legado. Entendendo isso e buscando aceitação para que ela se sentisse orgulhosa, desde muito nova sempre me dediquei para que as minhas notas fossem altas e, assim, segui para a minha graduação.

Os cinco anos da faculdade separaram uma menina de uma mulher. Eu precisei ser forte, nem imaginava que era só o começo. Entre trabalho, contas para pagar, morar sozinha, passando aperto financeiro, dormindo pouquíssimas horas por dia, comendo o tão famoso miojo quase todo dia, me adaptei rápido na rotina insana que se tornou a minha vida. Meses se passaram e eu já tinha entendido que, para sobreviver neste mundo, precisava fazer a minha parte e me dedicar muito para me sobressair. Foram anos desafiadores de todas as formas possíveis, mas eu agradeço imensamente a Deus e a mim mesma por não ter desistido no primeiro passo.

Logo que concluí meu curso, em 2018, mudei-me para Cascavel/PR, na esperança de atuar em minha área e ganhar muito dinheiro. Na minha cabeça, seria tão simples, que hoje eu agradeço a ignorância da época, porque se tivesse um pouco mais de discernimento, talvez não tivesse arriscado da forma como fiz e hoje me arrependeria. Mas um balde de água fria caiu quando me dei conta de que o custo de vida era bem mais alto, que não passava de uma recém-formada querendo trabalhar em empresas de grande porte. Mesmo sem muitas oportunidades desde que cheguei a Cascavel, eu me envolvi em ações relacionadas a minha área, entidades de classe e conselhos municipais. Esses eventos me proporcionavam conexões e oportunidades para que as pessoas soubessem quem eu era.

Construa um arquétipo com as informações que vou citar: jovem, 21 anos, solteira, engenheira ambiental, morando em uma cidade desconhecida, recém-formada com sonho de atuar na sua profissão. Quais eram as chances de eu passar por muitos desafios na minha área? Eram grandes, e foram. Não vou ser cética quanto às partes boas que também aconteceram, porém, romantizar situações só para a história ficar mais bonita não combina comigo.

Foi já no sítio que a minha jornada empreendedora começou. Desde muito cedo, eu ajudava a minha avó com as tarefas da casa, e só quem morou no interior sabe que são bem puxadas (tem que ser sítio raiz para entender). Eu vendia filhotes de patos para os vizinhos da comunidade e leite para uma empresa que passava coletando. Desse recurso, a minha avó me pagava um valor para eu comprar minhas "regalias". Eu não venho de família com mentalidade empreendedora e fui a primeira a abrir um negócio próprio. Foi desafiador quebrar a primeira barreira do empreendedorismo: não olhar para a realidade da qual eu vim. Mas eu sempre tive algo que me diferenciou desde pequena, a capacidade enorme de me comunicar e gerar conexões, sinais de uma empreendedora mesmo sem ter ideia disso.

Em meados de 2019, trabalhando na área com alguns poucos projetos que iam surgindo, conheci uma pessoa que me fez enxergar oportunidades maiores na área, saindo do modo autônoma e constituindo uma empresa em sociedade.

A voz da sororidade

As responsabilidades aumentaram em uma proporção absurda. Quando se abre uma empresa, é preciso entender de administração, vendas, financeiro, gestão comercial, posicionamento de marketing, pagar impostos, emitir notas fiscais e pagar muitos boletos. Não era só a parte técnica e operacional. Acredite, foi assim mesmo que descobri que o mundo do empreendedorismo não considera somente a sua formação profissional, mas sim suas habilidades como empreendedor para aprender a desenvolver todas essas áreas na empresa.

Destaco aqui a importância de tomarmos consciência sobre as habilidades que não temos e que é preciso buscar ajuda. O problema não é não saber, mas sim não buscar desenvolvimento por meio de cursos, treinamentos e mentorias. E não tem desculpa financeira que se mantenha quando se tem gratuitamente YouTube, Sebrae e associações comerciais para auxiliar no início de jornada.

Quando eu fiz a minha primeira imersão em autoconhecimento, ainda nem estava no estágio de olhar para a Bruna empreendedora, mas sim para a Bruna pessoa física. Eu saí de lá com os três maiores *insights* da minha jornada empreendedora, que fazem muito sentido para mim até o momento; foram três perguntas e eu quero compartilhar com você:

- No que eu sou realmente boa/bom?
- Em quais áreas tenho dificuldade e preciso me desenvolver?
- Como posso assumir a autorresponsabilidade da minha vida?

Gosto muito de uma frase que o autor Paulo Vieira cita em seu livro *O poder da autorresponsabilidade*: "Ser autorresponsável é a certeza de que você é o único responsável pela vida que tem levado, logo é o único que pode mudá-la". Esse trecho mostra o quanto olhar a vida dessa maneira é uma forma aceitável de entendermos que há sim inúmeras chances de transformar a nossa realidade, então só nos resta aceitar que os outros não nos devem nada e que devemos assumir a responsabilidade sobre nossas escolhas.

Quando comecei a olhar para a minha vida com a ótica correta, parei de me importar tanto como o outro iria reagir, pensar ou até mesmo julgar, aceitei que não é o que acontece comigo, até porque ninguém está livre de desafios, mas sim como reajo às situações que se referem à minha vida e à minha empresa.

Ainda em 2019, já na sociedade que havíamos constituído, os desafios começaram a ficar enormes em um ponto específico: comunicação entre as partes. Nós nos deparamos com situações que simplesmente não tínhamos habilidades o suficiente para lidar. E antes do CNPJ, é preciso considerar o CPF. E por mais que houvesse entre nós muita vontade de crescer e fazer a empresa dar certo, não havia preparo, maturidade e sabedoria para lidar com todos os desafios que apareciam.

Por isso, a importância de buscar desenvolvimento por meio de cursos, treinamentos e mentorias; são os que abrem a nossa mente para trilharmos os passos estratégicos que precisamos dar. Durante esse período, fizemos muitas mentorias em grupo e individuais. Quero destacar duas pessoas que mudaram a nossa maneira de enxergarmos a nós mesmas e a empresa, Cláudia da Silva Frantiozi e Sérgio Altavini. Foram essas pessoas que trouxeram verdades duras e apoio no momento necessário. E hoje compreendo que Deus coloca as pessoas certas, no momento certo, para nos fazer entender que nada acontece por acaso.

Os anos se passaram, crescemos muito e conquistamos boas oportunidades com toda a nossa dedicação. Em fevereiro de 2022, eu e a minha ex-sócia decidimos, com muita tristeza, encerrar a nossa sociedade. Estava insolúvel o convívio, relacionamento e alinhamentos internos. Só nós duas sabemos o quanto foi difícil, o quanto tentamos mesmo que a empresa fosse para a frente, mas posso ser bem sincera? Negligenciamos.

A voz da sororidade

Sim, fizemos isso quando os nossos mentores falavam para fazer um contrato de sociedade e não fazíamos porque achávamos caro demais para o momento, negligenciamos quando não conseguíamos mais conversar sobre o que estava incomodando. Como já tínhamos percebido que era o nosso desafio desde o início, a conta chegou, não tinha mais como manter uma sociedade sem alinhamento.

Essa foi a fase que mais me desafiou em todas as áreas da minha vida. Como me dediquei muito para a empresa, vê-la se dissolver me deixava triste. Era como se o troféu que eu havia conquistado estivesse sendo tirado das minhas mãos. E como colocar em prática a autorresponsabilidade e assumir que o erro que também foi meu? Eu estava colhendo os frutos das escolhas e atitudes equivocadas que tive. Eu me senti a pior pessoa deste mundo, achando que estragava tudo o que começava e que não tinha capacidade de gerir uma empresa, até porque eu possuía dívidas e não tinha perspectiva de conseguir ajustá-las.

Como a proposta era dissolver a sociedade, uma das partes precisava comprar ou venderíamos para terceiros. Eu já tinha aceitado que venderia a empresa e iria embora. Mas Deus sempre surpreende. Eu era a pessoa mais improvável para a compra, com dívidas e sem renda, mas comprei a cota da minha ex-sócia e paguei todas as parcelas sem atrasar um dia sequer.

Eu não sei qual a sua fé ou religião, mas estou aqui para compartilhar a minha jornada; e compartilhar a jornada da Bruna, sem citar o que Deus fez em sua bondade e lealdade, não faz sentido. Mas durante todo esse processo, eu me comprometi em fazer a minha parte, de verdade, tendo em vista que já tinha identificado os pontos em que falhei na sociedade. Estava tendo mais uma oportunidade de acertar e, dessa vez, só dependia de mim. Nessa fase, decidi aplicar fielmente os três D's da minha vida: DEUS, DEDICAÇÃO E DISCIPLINA em tudo o que eu fosse fazer.

Existe uma frase bem clichê: "Quem divide, multiplica" e, de fato, foi isso o que aconteceu. Nossos caminhos seguiram e, aos poucos, as coisas foram tomando forma novamente. Consegui quitar a empresa, comprar meu primeiro carro, pagar minhas dívidas e bater metas de faturamento acumuladas nos últimos anos.

Hoje, eu e a minha ex-sócia temos um relacionamento saudável, sem mágoas, ressentimentos, conflitos e com muito respeito uma pela outra pelo tempo que caminhamos juntas. Aceitamos que a jornada é assim mesmo, são fases e precisam ser vividas de verdade para que seja absorvido cada ensinamento que elas trazem consigo.

Eu costumo dizer que empreender é fascinante, porque nos faz ver a vida por milhares de possibilidades. Deixo aqui alguns *insights* que fizeram a diferença na minha trajetória e que causam impacto na estratégia empreendedora:

1. Tenha mentores;
2. Seja estratégica e intencional;
3. Arrisque-se e pague o preço pelo seu sonho;
4. Faça acordo de sócios (caso você tenha um);
5. Peça ajuda, não tente dominar o mundo sozinha;
6. Invista no seu desenvolvimento pessoal e profissional;
7. Não se esconda atrás das frases que ouviu durante a sua jornada, você é capaz;
8. Seja tão posicionada a ponto de seu nome ecoar pelos corredores.

Desde o início da minha carreira, eu me posicionei da forma que gostaria que as pessoas me vissem, como autoridade na minha área. De nada adianta querer algo que você não esteja disposta a dar seu melhor para obter. Em um mundo em que a disputa por espaço está cada vez mais distorcida, quem é autêntico se destaca.

A voz da sororidade

Outro ponto importante para mim são os resultados, sou movida por eles. São eles que geram a autoridade que buscamos, não tem fórmula mágica. Algo que percebo que afeta de maneira negativa a sociedade é a busca por espaço sem méritos; portanto, é importante olharmos para esses pontos com muita cautela e seriedade. Entenda, espaços existem para quem deseja ocupá-los.

Não é uma jornada perfeita e fácil. Quem disse que seria? Mas é uma jornada possível, transformadora e muito gratificante. Tenha sempre em mente: empreender não é para amadores.

06

A PROVA DA VIDA É INDIVIDUAL, MAS A JORNADA NÃO PRECISA SER

As agruras da vida sempre existirão, não dá para fugir. A boa notícia é que, em 1970, iniciou-se um caminho que, felizmente, é sem volta. O caminho da empatia, da força e da comunhão feminina, em um grande círculo de apoio: o apoio que vem de nós para nós mesmas.

CARLA NAKAI

Carla Nakai

Entusiasta da qualidade de vida, da felicidade e do desenvolvimento infantil. Empreendedora, bancária, voluntária, educadora e mãe de três. Pedagoga graduada pela Universidade do Grande ABC (2006), especialista em Educação Especial, pós-graduação *lato sensu* na Anhanguera Educacional (2010), MBA em Gestão Empresarial pela Fundação Getulio Vargas (2019), *Customer Experience* (extensão) pela Pontifícia Universidade Católica de São Paulo – PUC-SP (2021), pós-graduanda em Psicologia Positiva pela Pontifícia Universidade Católica de Rio Grande do Sul – PUC-RS (2022).

Contatos
carlanakai@hotmail.com
Facebook: carla.nakai
Instagram: @carlanakai.oficial
11 99900 0800

Carla Nakai

> *As pessoas esquecerão o que você disse, as pessoas esquecerão o que você fez. Mas elas nunca esquecerão como você as fez sentir.*
> Carl W. Buehner

Apesar de o termo *sororidade* ser relativamente novo e ter sido utilizado pela primeira vez pela escritora Kate Millett em 1970, propondo a luta conjunta entre as mulheres, nossa peleja contra a opressão de toda ordem vem de longa data.

A mulher historicamente foi moldada para esperar o macho alfa enquanto este saía diariamente para prover o sustento da família. Lembra o homem das cavernas? Aquele que saía para caçar e voltava para casa com o alimento para sua família enquanto à mulher cabia a função de ficar lá, no "conforto" do seu lar com as crias. Essa realidade parece distante, porém qualquer semelhança não é mera coincidência ainda nos dias atuais, e ainda há quem julgue que esta é a única forma de constituição familiar possível.

Avançamos com o passar dos anos e, principalmente, após o advento da Revolução Francesa, a mulher ressignificou seu papel na sociedade ao assumir o protagonismo da própria vida, alterando a forma de organização da nossa sociedade, mas sobretudo revisitando e modificando a forma como se via, bem como a importância que dava a si e a seus desejos.

A voz da sororidade

Contudo, cada vez mais, passou a acumular tarefas e obrigações e, consequentemente, rótulos e julgamentos, nos quais nitidamente vemos uma luta incessante contra estereótipos, ideais de mulheres que devem se enquadrar em um padrão considerado aceitável para seu círculo de relacionamento.

Eu já fui a mãe que renunciou ao sonho do cargo público, fruto de muito estudo e esforço para maternar meu bebê 24/7. Tempos depois, fui a mãe que não podia deixar de ir trabalhar e o fez engolindo o choro e a dor de deixar sua filha no PS na companhia do pai.

Abdicar da vida profissional para dedicar-se integralmente à família e aos cuidados que essa requer é difícil. Conciliar casa e trabalho, se desdobrando para dar conta de tudo o tempo todo também é difícil.

Dessa forma, nós, mulheres, precisamos escolher, cada qual, o seu difícil. E o fazemos com maestria, apesar de estarmos sob o julgo quaisquer que sejam nossas escolhas. Muitas vezes ouvindo críticas ou julgamento, direta ou indiretamente.

"Ah, eu não trabalho, mas cuido da minha família e dou tranquilidade para meu marido prover o sustento".

"Nossa, como você aguenta cuidar só de casa e de filhos?"

"Não sei por que você trabalha. Se fizer as contas, deve estar trabalhando só para pagar escola".

Você já deve ter sido vítima desses questionamentos, ou pior, você os fez para alguém, ou até para si própria. É imprescindível reconhecermos que cada escolha implica necessariamente uma renúncia.

Por trás daquela mulher elegante de terninho e salto alto, pode haver um coração entristecido por não ter tido a oportunidade de ver o primeiro passo de seu filho ou porque sua agenda de *calls* não permitiu que ela estivesse presente naquela apresentação da escola.

Aquela que se dedica integralmente aos cuidados da família pode levar consigo a mágoa por não ter seus afazeres reconhecidos como trabalho e seu esforço não ser valorizado; afinal, só se dá conta da importância dos afazeres domésticos quando ele não é feito. Além de muitas vezes ser considerada dependente econômica e financeiramente de outrem, somente porque, apesar de trabalhar duro 24 horas por dia e 7 dias por semana, no final do mês, não há pagamento de salário creditado em sua conta bancária.

Não é super-heroísmo, não é força, tampouco fraqueza.

Ser mulher é divino. É ter a honra de poder gerar uma vida, ter o superpoder de alimentar um bebê faminto com recursos naturais, é dar um toque de leveza e delicadeza à sociedade e todas as suas esferas. Contudo, estar entre aquelas ora intituladas "sexo frágil", que de frágil pouco têm, é ter consigo um fardo de culpas, como se não bastassem estrias e celulites.

Esse tal de julgamento está sempre por aí e volta e meia nos dá o ar da graça para nos assombrar. E nesse sentido acabamos sendo os piores juízes que alguém poderia ter: nós mesmas e nos culpamos por tudo o tempo todo.

Daí a importância de um círculo virtuoso que percebe, reconhece e valoriza empaticamente o esforço, as renúncias e as conquistas daquelas que estão o tempo todo querendo mudar o mundo, começando pelo delas.

O meu difícil começou ainda no ventre de minha mãe. Ela conta que minha primeira morada foi uma Kombi. Sim, aquela van de antigamente. Eu fui a primeira filha de um casal que já havia sido casado e ambos tinham filhas de outros relacionamentos. A vida era penosa, o dinheiro escasso e ambas as famílias contra o relacionamento. Ter pão com mortadela na ceia de Natal um dia já foi artigo de luxo.

Até que meus pais começaram a empreender, fabricando adornos e artigos de iluminação, em que a linha de produção era formada pelas integrantes da família. Como diria minha saudosa vovó Lourdes: "Eu me lembro como se fosse hoje", eu, minha mãe e meus irmãos ainda muito pequenos trabalhando até altas horas da madrugada. O caçula dormia dentro de uma bacia. Aprendi a trabalhar desde muito cedo, o que ajudou a forjar a Carla Nakai que hoje sabe que pode fazer tudo quanto desejar.

Ainda na adolescência, eu não podia ver uma placa de "precisa-se de moças" que lá estava a Carla com seu rabo de cabelo e a blusa de moletom amarrada na cintura, se candidatando para a vaga. Na melhor das hipóteses, eu ouvia um: "Mas você se considera moça?". E eu, fingindo segurança, mas por dentro tremendo feito vara verde, respondia que se eu não me achasse nem estaria lá pedindo a oportunidade.

O primeiro emprego registrado foi em um escritório de contabilidade, onde aprendi muito, principalmente que a mulher não precisa se envergonhar quando é assediada. A vergonha deve ser do assediador e nós precisamos nos posicionar e verbalizar nosso descontentamento (pena que na época eu nunca tive coragem de fazê-lo. Eu sentia meu rosto pegando fogo, tamanha era a vergonha, pedia licença e saía).

Meu pai reclamava que eu precisava trabalhar no negócio da família, mas sempre quis mais. Sabia que meu lugar era no mundo, mas a contragosto voltei a trabalhar com meu pai. Meu espírito inquieto desde sempre não me permitia ficar fazendo algo que não gostava sem pensar e planejar como sair daquela situação. Então, estudava e procurava aprender tudo quanto possível.

Sempre sonhei em fazer faculdade, mas infelizmente a instabilidade financeira da família me fez adiar o sonho. Meu pai sempre dizia que queria que eu fosse doutora, a Dra. Carla. Já a Carla queria mesmo era ter a profissão pouco valorizada, porém de imensurável valor: queria ser professora. A meu ver, sempre foi a profissão mais importante por contribuir para a formação de todas as outras. É como o alicerce de uma casa; sem ele, todo o resto não existe. Aos trancos e barrancos, consegui me formar pedagoga.

Com um histórico familiar de altos e baixos financeiros, precisava de estabilidade. Não consegui conviver com o monstro do desemprego e da falta de dinheiro. Então, me inscrevi em incontáveis concursos públicos, conseguindo aprovação na maioria deles. Começou a jornada angustiante de comprar jornal toda sexta-feira para ver as convocações e a minha tardava a chegar. Em 2007, me casei e veio a maternidade. Passava o dia todo maternando a Clarinha, admirando e agradecendo por ter aquela vidinha confiada a mim.

Ainda no meu primeiro mês na função de mãe, recebi uma grata surpresa: a tão esperada convocação para assumir um cargo público e, com ela, a primeira grande angústia de uma mulher que qualquer que fosse sua escolha teria ônus e bônus. Optei pela maternidade em tempo integral, preferi cuidar primeiro do que era importante.

Paulatinamente, começou o tempo da colheita e coleção de cartas de convocação dos concursos em que fui aprovada. E eu que, antes, precisei me sujeitar a subempregos, agora podia escolher. Decidi retornar ao mercado de trabalho quando minha primogênita completou um ano de vida. Voltei à sala de aula, com dedicação de apenas três horas diárias. O emprego ideal para uma mamãe que desejava conciliar trabalho e maternidade.

E mais convocações chegavam... Eu sempre tive essa sorte. E quanto mais eu estudava e me dedicava, mais sorte com concursos eu tinha. Até que assumi a coordenação pedagógica. Apesar de feliz com a função, com a relevância social do cargo, da diferença que vinha fazendo na vida de mais de 1.500 alunos, meu coração me dizia que havia algo errado.

A voz da sororidade

A jornada de trabalho era pesada: abria a escola às 7h da manhã e fechava às 22h, terceirizava a educação da minha pequena (ainda que fosse um milhão de alunos, não me parecia uma troca justa). Eu precisava fazer mais por ela também. Assim, voltei à maratona de concursos, sempre contando com o apoio incondicional da minha mãe. Ela que, infelizmente, não teve a oportunidade de concluir o primeiro grau, me ajudava com a pequena para eu poder me dedicar aos estudos, ter disponibilidade para as provas sempre realizadas em finais de semana. A Dona Lucia foi minha primeira referência de sororidade, ainda que na época eu nem imagina que esse termo existia. Para mim, era apenas a tradução do amor de uma mãe pela sua filha.

Até que um belo dia chegou a convocação do Banco do Brasil. Esta era a oportunidade que eu procurava ainda que precisasse abortar a missão da educação. Trabalharia seis horas por dia, sem finais de semana como na escola e poderia acompanhar minha pequena, na ocasião com três anos de idade, no período em que não estivesse na escola.

Com dois anos de empresa, tive uma gravidez de risco, me afastei no quinto mês já com contrações. Consegui segurar a gestação até a trigésima terceira semana quando, felizmente, minha segunda filha estreou neste mundão. Além da prematuridade, após a alta da UTI neonatal, ela foi diagnosticada com biotinidase, que poderia ocasionar de queda de cabelo até morte súbita. Eu que achava que o pior que a maternidade poderia ter deixado eram as estrias, descobri que, com ela, viria também o medo e a preocupação constantes, além do TOC depois da jornada de visitas à UTI neo e ao lactário.

A licença-maternidade acabou, novamente contei com minha *mamys* poderosa para cuidar da minha bebê enquanto eu ia com o coração partido trabalhar. Vieram episódios de fraqueza muscular, as consultas com geneticista, neuropediatra e sessões de fisioterapia. E eu não sabia até quando suportaria.

Perfeccionista que sempre fui, muito me incomodava o fato de não estar me doando 100% nem para os cuidados com minha segundogênita nem para a empresa que provia meu rendimento. Então, pedi demissão.

Felizmente, meus anjos disfarçados de gestores quiseram saber o porquê do pedido. Expliquei e eles não aceitaram minha carta de demissão. Moveram mundos e fundos para viabilizar uma licença em caráter de excepcionalidade. Não tive prejuízo financeiro, não perdi minha vaga e o mais importante: tive tranquilidade para assistir minha doce Fefê. Aos poucos, o fantasma da deficiência de biotina foi dando lugar a momentos ímpares de amor e gratidão e eu pude retornar ao trabalho. Olha essa tal sororidade aí de novo, gente!

A família teve uma grata surpresa: a terceira filha. Nossa serelepe Carolzinha. Sabe a cereja do bolo? Com a chegada da minha caçulinha, pude perceber que havia algo faltando na minha vida de que nem havia me dado conta.

A rotina de trabalho, cuidados com casa e crianças, é certamente exaustiva. Certa vez, eu estava hipercansada, sem dormir, sem comer direito; entre um atendimento e outro, encontrei uma colega (sabe aquela mulher que você olha e pensa: que mulher linda, sempre impecável; a vida dela parece mais fácil). Ela me perguntou se estava tudo bem e eu desabafei dizendo que pensava em desistir do trabalho porque achava que não daria conta. Ela, genuinamente, compartilhou comigo sua história de resiliência, dedicação e dificuldades. Ouvi atentamente e a fala dela sempre ecoou nos meus momentos de incerteza e fraqueza. Talvez até sem pretensão, ela me encorajou a não desistir. Passados mais de dez anos, eu tive a oportunidade de agradecê-la por isso e compartilhar o impacto que aquela conversa de corredor teve na minha vida.

Não desisti e, na companhia das minhas três amoras, desafiamos vários padrões colocados pela sociedade. Eu, mãe de três, nunca deixei de fazer nada pelo fato de ter três filhas. E assim conhecemos seis estados brasileiros, quatro países, fiz pós-graduação, MBA, inglês... Mas meu maior orgulho é poder contar nos dedos as vezes em que precisei me ausentar do que era importante para elas, como festas de amiguinhos, reuniões escolares, consultas médicas, apresentações de dança, futebol, teclado...

Como nem tudo na vida são flores, no meio do caminho tinha uma pedra. Em 2018, veio o câncer e eu, que nunca havia me afastado delas, precisei fazê-lo por um tempo para que pudéssemos estar lado a lado até hoje.

Por sorte, pude novamente contar com uma vasta rede de apoio, além da minha família, é claro que, sem dúvida, foram os que mais sofreram comigo, mas me apoiaram e me deram motivos para seguir.

Lembra a pedra no meio do caminho? Construí um castelo com ela. Transformei a certeza de nossa finitude em mais um motivo para seguir em busca da felicidade. Afinal, a vida é muito curta para a gente não ser feliz. Ressignifiquei muita coisa. A terapia (indicada para o paciente oncológico) me inseriu numa jornada de autoconhecimento, um caminho sem volta pela busca incessante de ser melhor que ontem e pior que amanhã e de tornar a vida das pessoas que cruzaram meu caminho um pouco melhor.

Durante a recente pandemia de Covid-19 que enfrentamos, veio a metástase, uma cirurgia mais invasiva, a deficiência motora, as incontáveis sessões de fisioterapia e fortalecimento muscular. A dificuldade foi imensa; em contrapartida, a empatia, o amor e o incentivo vieram em medida infinitamente maior. Assim, mais uma batalha foi vencida. E sigo o baile com as cicatrizes que só os guerreiros possuem.

A guerra está aí, ela se chama vida. Mas com a vitória de cada batalha, vem o orgulho e a sensação de que é possível sermos, a cada dia, nossa melhor versão. Poder contar com uma rede que nos apoia genuinamente é ter o privilégio de saber que, apesar das adversidades, poderemos continuar a voar e alçar voos cada vez maiores, assim como nos ensinou o escritor, ator, cineasta, engenheiro e filósofo italiano Luciano de Crescenzo: *"Somos todos anjos com uma asa só; e só podemos voar quando abraçados uns aos outros".*

Quando éramos crianças, ouvíamos a professora nos dizer: "A prova é individual". E ela continua sendo nos dias atuais. Mas a jornada da vida não precisa ser. Compartilhar e apoiar quem vivencia agruras semelhantes às nossas nos dá força e segurança para seguir sem esmorecer, descansar sem desistir. Faz toda a diferença saber que pelo caminho podemos contar com a mão amiga, a escuta ativa, o desabafo acompanhado do café quente ou da cerveja gelada.

Que sejamos capazes de segurarmos a mão uma das outras, sem soltar.

Que sejamos capazes de valorizar sem julgar a escolha e o estilo de vida de outrem.

Que possamos, genuinamente, reconhecer o valor das que compõem nossa rede, mas que, sobretudo, reconheçamos nosso próprio valor e nossa capacidade de sermos muito melhores quando nos unimos. Afinal, nenhuma de nós pode ser melhor do que todas nós juntas.

Minha eterna gratidão a todas as pessoas que me auxiliaram na jornada da vida, que me mostraram que era possível continuar, que me oportunizaram não desistir simplesmente por terem cruzado o meu caminho e, principalmente, porque me fizeram sentir que era capaz de fazer tudo quanto eu desejava.

07

A BUSCA PELA INTEGRAÇÃO DAS ENERGIAS FEMININA E MASCULINA NOS NEGÓCIOS

Um capítulo autobiográfico de aprendizados. Em um mundo ainda regido pelo modelo de negócios predominantemente racional e objetivo, nós, mulheres, temos a oportunidade de equilibrar as polaridades. A força feminina de conexão, amplitude e sensibilidade é fundamental para o mundo que, hoje, enfrenta tantos desafios.

CAROLINE CARLA CARVALHO BUENO

Caroline Carla Carvalho Bueno

Bacharel em Direito pela PUC-PR, pós-graduada em Comunicação Organizacional (FAE Business School) e Gestão Comercial (Fundação Getulio Vargas), especialista em Liderança nas Organizações (Duomo e ISE Business School), com formação em Constelação Familiar e Organizacional. Como estrategista comercial, tem sólida experiência na criação de negócios, expansão de mercado e formação de equipes. Apaixonada pelo conhecimento e novas formas de atuação, participou de diversos cursos nas áreas de desenvolvimento humano, gestão e comunicação. *TEDx Women Speaker* 2023, com o tema "Como equilibrar polaridades masculina e feminina nas organizações", tem como propósito encorajar e auxiliar outras pessoas a descobrirem o potencial e realizar projetos que sirvam à vida.

Contatos
carolinecarvalhobueno@gmail.com
LinkedIn: carolinecarvalhobueno/

É comum o mundo desabar

O caminho que tenho percorrido entre uma profissional inserida no modelo masculino de gestão e negócios para a profissional que concilia as energias femininas e masculina de maneira mais consciente e harmônica é construído por fatos marcantes, mas comuns de uma mulher comum. Justamente por serem comuns a muitas mulheres, são determinantes para nossa força e transformação.

Minha vida começou a desmoronar no final de março de 2021 quando meu marido e eu contraímos a variante delta do Coronavírus. De maneira rápida e muito violenta, tivemos nossos pulmões comprometidos. Com risco de vida, precisamos montar uma espécie de hospital domiciliar, já que naquele momento os hospitais estavam tomados de doentes. Durante cerca de três semanas, nossas vidas foram profundamente transformadas com dores, febre, lágrimas, dificuldade de respirar e muita angústia. Com dois filhos, Gabriel e Clara, adolescentes, eu só conseguia pensar o quão triste seria morrer sem, antes, vê-los crescer.

Estar frente a frente com a incerteza sobre futuro, saúde e existência criou um espaço em mim, um espaço de entrega à vida, mais ainda de busca da minha verdadeira essência como ser humano e, especialmente, mulher.

Meses depois, ainda sob efeito da experiência traumática do coronavírus, fui convidada pela empresa em que trabalho há 21 anos para assumir a gestão de outra unidade, dessa vez em Maringá. Havia sete anos que tinha mudado com a família para Foz do Iguaçu, período em que trabalhei muito, enfrentei inúmeros desafios profissionais com equipe, mercado, clientes e de desenvolvimento. Mas também alcancei resultados incríveis e consistentes, levando a unidade a uma posição de destaque. Além disso, também fui muito feliz com minha família, numa cidade acolhedora, diversa, com lindos atrativos turísticos e onde compramos uma casa.

Hoje, olhando para aquele momento, vejo que o evento da doença me deixou com instinto de fuga aflorado; sem saber ao certo o porquê e para que precisava mudar. Mesmo confusa e não confiante na mudança, aceitei o desafio e, em dezembro de 2021, parti para um novo capítulo da minha vida. Ainda no mês da mudança, meu sogro faleceu após alguns anos de difícil tratamento de câncer. Mais um grande baque para nossa família; pai, avô e sogro querido, ele não conheceria nossa nova morada.

No início de 2022, já instalados na nova cidade, mais uma mudança importante nos aguardava. Nosso filho, então com 18 anos, mudou-se para Curitiba, nossa terra natal, para cursar a graduação presencialmente. Mesmo indo morar com meus pais e com todo o apoio das famílias, senti profundamente essa separação.

Na vida profissional também não tinha boas notícias, em vinte anos de empresa ainda não havia enfrentado um ambiente hostil e resistente à mudança e ao modelo de negócio que estávamos implantando há pelo menos cinco anos. Então, a vida entendeu que era chegado o momento. O primeiro ano de Maringá foi nebuloso, solitário e, pela primeira vez, pensei em desistir da trajetória que iniciei em 2000 como profissional das áreas Comercial e Comunicação.

Em janeiro de 2022, já há quatro meses em processo terapêutico, mas profundamente abalada emocional e psicologicamente, fui diagnosticada com depressão por uma médica muito humana e sensível. Ela e a minha terapeuta, especializada em atendimento de mulheres, começaram a me sinalizar a necessidade de um olhar mais profundo para a minha essência e reconexão com o feminino.

É normal nos acharmos imparáveis até parar

Sou a filha do meio entre dois irmãos. Minha mãe conta que, aos três anos, precisou me matricular no Jardim de Infância, pois eu já não me conformava em deixar meu irmão mais velho na escola e voltar para casa. Sempre amei estudar, sou leitora voraz e minha curiosidade passa por artes, negócios, comportamento humano, espiritualidade, esportes, terapias, viagens e vida em geral.

Sempre dedicada e determinada, me formei em Direito aos 23 anos e, no mês seguinte, já mudava para Florianópolis a fim de ingressar em um programa de *trainees*. No ano seguinte me casei, pois sempre tive dois focos claros em mente: ser bem-sucedida profissionalmente e ser mãe. E assim foi, com muito trabalho, estudo, dedicação e boas companhias, especialmente com o apoio irrestrito do meu marido Gilberto Junior, atingi meus dois principais sonhos.

A filha que não deu trabalho, a profissional dedicada, a mulher dinâmica, a mãe multitarefa, eu era a mulher "bomba" que o mundo valoriza. Aos 46 anos, me sentia vazia, triste e perdida como nunca havia me sentido antes.

Comecei a revisitar, com sinceridade e sem máscaras, quais eram minhas verdadeiras motivações e valores. Meu corpo passou a ser um importante guia nesse olhar cuidadoso para mim, pois sinalizava que eu havia chegado ao meu limite. Fibromialgia com sua forma clássica de dores e cansaço, miomas no útero, além de infecções urinárias frequentes me mostravam que eu precisava mudar.

Passei a colocar limites na então jornada de trabalho de 10 a 12 horas e dizer a pares, gestores e equipe que precisava de ajuda para dar conta das atividades. Acredito que boa parte de nós, mulheres, entende que precisamos competir de maneira aguerrida pelo nosso espaço e esquecemos que somos cíclicas, que, ao longo do mês, temos necessidades diferentes de descanso, níveis de vitalidade e, principalmente, sensibilidade diante da realidade.

Diferentemente do que alguns ainda insistem em acreditar, essas nossas características em nada diminuem nossa capacidade produtiva, são nossas forças de criação e expansão. Ao me perceber, também ampliei minha capacidade de compreensão das profissionais com quem convivo e passei a ser bem mais empática, minha admiração só cresceu.

Espiritualidade

A base de sustentação desse reconstruir mais coerente com a minha alma, sem dúvida, foi a espiritualidade. Desde muito jovem sempre tive íntima percepção do mundo espiritual; e práticas de conexão com o Criador, antepassados e natureza, fizeram parte da minha vida. No entanto, nos últimos anos, focada na dimensão material da vida – trabalho, estudo e conquistas –, desequilibrei o aspecto fundamental, que nos liga aos ensinamentos atemporais de ordem e harmonia na Vida.

Tenho abertura e convicção de que não existe caminho (religião) melhor do que outro; a Origem é única, e cada um se sentirá mais acolhido com determinada organização. O importante é não negligenciar uma força maior que nos guia; e é preciso desenvolver a capacidade de senti-la e orientar nossos passos para uma vida digna e de serviço ao outro.

Aliás, servir e cuidar do outro é próprio do feminino, e aqui quero destacar que, quando falo de masculino e feminino não estou falando dos gêneros, mas sim das forças inatas que temos. Essas capacidades, em ambientes com predominância masculina, muitas vezes são negligenciadas e temos competitividade exacerbada. Homens e mulheres, em especial, já vêm percebendo que, em um mundo que pede colaboração e criação, ter olhar empático dirigido às necessidades do todo e em um modelo mais harmônico de ganho, é fundamental para superar os grandes desafios do mundo frágil, ansioso, ambíguo e incerto em que vivemos.

A partir do momento em que iniciei a busca pela reconexão que eu não sabia ao certo do que se tratava, a vida, com sua sabedoria e abundância, passou a promover sincronicidades que me indicavam o caminho. Certo dia, numa das sessões de análise, a terapeuta me disse: "Caroline, você precisa se conectar mais a outras mulheres de negócios. Essa convivência vai te ajudar a ter outros modelos de atuação e se sentirá com maior suporte para as mudanças que estão acontecendo em você". Na noite desse dia, em um evento de trabalho, fui surpreendida pela abordagem de uma mulher muito simpática e elegante, a Jaque, que se apresentou como diretora de uma grande organização e, em dez minutos de conversa, me disse: "Estou escrevendo um livro com outras mulheres, sobre mulheres e negócios, quer participar também?". E aqui estou escrevendo, com emoção, este capítulo.

Pouco tempo depois, recebi um novo convite para participar como palestrante de um reconhecido evento internacional com a temática *mulheres*. E, assim, seguiram-se outros contatos de mulheres que, como eu, estavam passando por momentos de mudanças e transformação.

Há um trecho de um livro que diz muito a respeito do que conto aqui, de Nilima Bhat e Raj Sisodia, *Liderança Shakti: o equilíbrio do poder feminino e masculino nos negócios* (2019. p. 178):

> Quando você perde seu senso de autoestima, seu ser-ego experiencia a sua ferida. Esta dor e impotência causam-lhe uma viagem interior, um despertar, e dá à luz ao seu verdadeiro poder, o seu Shakti. Você atinge, então, o seu real valor, o seu merecimento de ser e tornar-se tudo o que há.

A voz da sororidade

Nessa jornada de identificar os personagens que criamos para corresponder às demandas do outro e o quanto nos desidentificamos para suprir às expectativas de um mundo acelerado, tecnológico e desigual, há muita dor. A frustração, o cansaço e uma parte de desesperança são necessários para que, não mais suportando, possamos olhar frente a frente nossa real natureza e anseios e, assim, encontrar um caminho de cura, que envolveu, no meu caso, muita paciência e compaixão. Somos, de maneira geral, muito hábeis em amar e sentirmos compaixão pelo outro, mas quando se trata de nós mesmos, é necessário aplicar essa mesma, ou até mais, dose de amor.

Conectando mulheres e negócios

Diante dessas experiências, aumentei minha convicção de que o mundo dos negócios precisa, mais do que nunca, aliar as energias masculina e feminina para a verdadeira transformação que ansiamos. Já estamos convencidos e impactados pelos desequilíbrios climático, social e até moral que nos cercam, por isso novas formas de aprendizado, relação, gestão e execução precisam ser postas em prática.

Polaridades são os elementos iguais, mas opostos e complementares que experimentamos e integramos no caminho para a plenitude: relacionamentos-tarefas, sentimento-pensamento, intuição-intelecto, estrógeno-testosterona, relaxamento-concentração, divergência-convergência e graça-determinação são imprescindíveis que andem em equilíbrio.

E para que a energia feminina alcance seu espaço e integração nos ambientes de negócios, a partir de agora elencarei alguns pontos que considero fundamentais. Embora não deva existir regras para que possamos exercer aquilo que é nossa essência, há alguns direcionamentos que considero importantes.

1. Autoconhecimento

Conhecer seus valores, o que te move e suas principais competências. Não se deixar ser definida ou rotulada pelas outras pessoas, buscando coerência entre sentir e agir. Ouça seu corpo e seus sinais de equilíbrio vs. desiquilíbrio.

2. Aprendizado contínuo

Num mundo em constante transformação e com tanta informação e conhecimentos disponíveis, tornam-se importantes os constantes aprendizados visando servir melhor a si e ao mundo.

3. Relações equilibradas

Provavelmente, nunca nos relacionamos tanto, seja presencial ou digitalmente, e isso pode ser tão fantástico quanto desafiador. Trata-se de uma profunda consciência de que equilibrar o dar e o tomar garantem relações frutíferas, com menos implicações negativas. Nossas relações podem se basear no cooperar, nem tudo é competição.

4. Olhar sistêmico para a vida

Sentir e compreender que fazemos parte de um todo e somos frutos das histórias de nossos ancestrais. Essa capacidade nos permite olhar para tudo e para todos com mais serenidade, confiança e amor. Acreditando que em tudo há uma inteligência que nos faz evoluir.

5. Disposição para o risco e tomada de decisão

Na vida, não há garantias, e buscar o controle é uma grande ilusão, pois de uma hora para outra tudo desmorona e/ou milagres acontecem. Portanto, há que se tomar as melhores decisões baseadas no aqui e agora, buscando expandir com as possibilidades infinitas da vida.

6. Amor

Infelizmente, consideramos inteligência apenas o que vem do cérebro, desprezamos a inteligência do coração. Em muitas situações, não é conhecimento que se pede, e sim sabedoria e amor. O que meu coração me diz? Como posso agir da forma mais amorosa possível?

Escrever este capítulo foi uma parte importante da tomada de maior consciência e maturidade, um verdadeiro presente para a reconexão com o feminino. Muito obrigada a você, leitora e leitor, pela disponibilidade em me acompanhar nessas palavras. Meus contatos estão disponíveis, vou adorar receber seu *feedback* e/ou contribuir no que for necessário para que mulheres e homens potencializem sua integração para melhor servir a vida.

Por fim, dedico este texto aos meus antepassados, especialmente aos meus queridos pais, Cecília e Luciano, que, ao longo da vida, me nutriram com muito amor e liberdade.

Referência

BHAT, N.; SISODIA, R. *Liderança shakti: o equilíbrio do poder feminino e masculino nos negócios*. Rio de Janeiro: Alta Books, 2019. p. 178.

08

HISTÓRIA DE VIDA

Cada um de nós tem uma história única e maravilhosa. O sucesso é subjetivo. Concentre-se no seu verdadeiro eu, nos seus valores e no que você deseja se tornar. Nunca desista dos seus sonhos. Eu tive cinco empresas que falharam, mas cada fracasso foi uma lição de resiliência. Trabalhei incansavelmente, muitas vezes mais de 15 horas por dia, sempre me aprimorando e nunca perdendo a esperança. Se eu consegui superar minhas próprias expectativas, você também pode. Acredite em si mesmo.

DORALICE FAGUNDES DOS SANTOS MARCHIORO

Doralice Fagundes dos Santos Marchioro

Formada em Ciências contábeis pela Fecivel (1990). Especialista em Auditoria pela Universidade Estadual do Oeste do Paraná (1995). Mestre em Auditoria pela Universidade Estadual do Oeste do Paraná - (2000). Formada em Direito pela Universidade Paranaense - UNIPAR (2005). Especialista em Direito processual civil pelo Centro Universitário UNIVEL (2007). Especialista em Direito previdenciário pelo Centro Universitário - Univel (2010). Especialista em Direito do trabalho pela LFG (2012). CEO da empresa Foto Clique Formaturas. CEO do escritório de advocacia Fagundes & Marchioro Advogados Associados. Conselheira estadual da Ordem dos Advogados do Brasil OAB/PR. Conselheira de adminstraçao da cooperativa SICOOB Credicapital. Diretora da Associação das Micro e Pequenas Empresas do Paraná.

Contatos
adv.dora@hotmail.com
Facebook: Dora Marchaioro
Instagram: @adv.dora
45 3037 6504

Crescer como a segunda filha em uma família de 15 irmãos, em meio a realidades humildes e desafios inimagináveis, fez com que minha trajetória se parecesse mais com um sonho distante do que com uma realidade concreta. A determinação e a resiliência estavam gravadas em nosso DNA, mesmo quando as palavras escritas eram raras em nosso cotidiano.

Aos 14 anos, com o apoio hesitante mas presente do meu pai, mergulhei no mundo do empreendedorismo ao comprar uma máquina de sorvete. A falta de experiência me levou ao fracasso desse primeiro negócio, mas o fogo dentro de mim não se apagou. Minha infância, permeada por desafios, me viu, aos seis anos, ao lado da minha mãe, trabalhando duro no campo, limpando covas de café. Aos oito, uma mudança para Cascavel me levou a um emprego como babá e, posteriormente, aos 14, a uma posição em um escritório de contabilidade, apesar do salário desanimador.

A adolescência me revelou a veia empreendedora que pulsava em mim. Entre os 16 e 17 anos, me aventurei em vários negócios. Muitos deles não duraram muito, principalmente devido à falta de capital e expertise. Mas cada falha serviu como uma lição valiosa, moldando-me e preparando-me para o que estava por vir.

Aos 17 anos, ainda dando meus primeiros passos na universidade pública como estudante de ciências contábeis, tive a

A voz da sororidade

honra e o privilégio de ser a primeira da minha família a cursar ensino superior. Nessa época, já tinha fechado minha primeira empresa e estava de volta ao mercado de trabalho, fui trabalhar em um escritório de contabilidade, onde aprendi muito. Lá permaneci por uns dois anos e novamente abri outra empresa, na certeza de que daria certo. Infelizmente, por falta de capital de giro e uma pesquisa adequada de viabilidade, novamente em um ano voltei ao mercado formal em um escritório contábil. Laborei mais alguns anos e novamente abri nova empresa e, assim, eu segui, ora como empregada, ora como empregadora.

Gosto de dizer que conheci uma pessoa que foi o divisor de águas na minha vida, Nelson Emilio Menegati, então presidente do Sindicato Rural de Cascavel, um visionário. Ele me deu a oportunidade de ser contadora e executiva da entidade. Não perdi tempo, agarrei com coragem a oportunidade e trabalhei duro, mais de 14 horas por dia, viagens para qualificação, a negócios, pós-graduação e, com apoio e incentivo, fiz o curso de Direito, o qual me abriu um horizonte de conhecimentos e oportunidades. No sindicato, rompi barreiras de um mundo predominantemente masculino, conquistei o respeito dessa classe de produtores rurais, os quais represento com muito orgulho.

Ao iniciar meu trabalho no Sindicato Rural, já era mãe de dois filhos e tinha 31 anos. Foi o incentivo do Sr. Nelson, combinado com o sonho não realizado de meu pai de ser advogado, que me impulsionou a ingressar e completar o curso de Direito. Atualmente, sou uma advogada de destaque no setor agropecuário, tendo conquistado o respeito e a confiança dos produtores rurais graças à minha atuação firme e assertiva.

Em 2004, todos esses anos de persistência e aprendizado culminaram na fundação da minha empresa de eventos. Simultaneamente, estava prestes a concluir meu curso de Direito e, com orgulho, passei no exame da ordem antes mesmo de me formar. Essa dualidade me permitiu exercer a advocacia durante a semana e dirigir minha empresa nos fins de semana, um testemunho vivo de que, com paixão, dedicação, estudo e determinação, podemos forjar múltiplos caminhos de sucesso.

No entanto, como disse, essa trajetória não foi isenta de desafios. Ao longo do caminho, me aventurei em cinco diferentes negócios, enfrentando adversidades, seja pela falta de capital, conhecimento ou apoio. Mas foram minha resiliência e convicção que me conduziram à criação da minha empresa de eventos. Hoje, 25 anos depois, ela emprega diretamente 35 colaboradores e, indiretamente, mais de 200 trabalhadores.

Criar meus filhos, enquanto me desdobrava entre múltiplos papéis, foi uma jornada repleta de aprendizado. Entre longas horas de trabalho, estabelecer os pilares dos meus negócios e me dedicar aos estudos, cada segundo se tornou precioso. Priorizei a educação e o bem-estar dos meus filhos, independentemente do que estava enfrentando. Quis ser para eles um exemplo de perseverança, ensinando-os sobre a importância da dedicação e do trabalho árduo. Queria que entendessem que, mesmo nas adversidades, é possível construir um futuro brilhante.

Ser mulher em um ambiente majoritariamente masculino trouxe seus desafios. Buscar reconhecimento e igualdade exigiu esforço contínuo e, em muitos momentos, até mesmo aqueles mais próximos duvidaram de mim. No entanto, sempre defendi o potencial transformador da mulher e acreditei no valor intrínseco de cada uma de nós, independentemente de onde viemos ou da nossa cor. Essa é a mensagem que busco transmitir: força, determinação e poder inabalável do feminino.

Em meio à agitação e às responsabilidades que preenchiam meus dias, sempre priorizei momentos de qualidade com meus filhos. Apesar do tempo limitado, quando estávamos juntos, eu estava completamente presente, transformando cada minuto em uma oportunidade de conexão e ensinamento. Era uma forma de mostrar a eles o significado do amor incondicional e quão preciosos eram para mim.

Minha trajetória empreendedora teve seus altos e baixos. Enfrentei dívidas e adversidades financeiras, mas elas nunca abalaram minha determinação. Em certos momentos, retornava ao trabalho assalariado, não como sinal de desistência, mas como um meio de reequilibrar minhas finanças. Esse ciclo fortaleceu minha resiliência, mostrando que sempre encontraria uma forma de avançar, independentemente dos obstáculos.

Hoje, olho para meus dois filhos, um médico e um empresário, e vejo neles o reflexo do meu legado. Cada desafio que enfrentei teve o propósito de proporcionar a eles as oportunidades que não tive. São, sem dúvida, meus maiores orgulhos.

Atualmente, faço parte de diversas entidades e meu objetivo continua sendo inspirar mulheres. Mostrar que, com determinação, coragem e persistência, qualquer meta pode ser alcançada. A pandemia trouxe desafios inéditos, especialmente no setor de eventos, mas com uma gestão estratégica e o apoio de meu escritório de advocacia, fomos capazes de manter nossos funcionários e até oferecer oportunidades para outros profissionais.

Para as mulheres que estão lendo isso: saibam que sua origem, adversidades ou erros não definem você. O que importa é sua capacidade de se reerguer e persistir. E a meu pai, que mesmo com suas dúvidas, sempre acreditou em mim, sou eternamente grata. Ele foi uma força silenciosa, mas constante, ao meu lado. E sua crença em mim foi um dos pilares que sustentou minha trajetória.

09

DO PRECONCEITO AO SONHO REALIZADO

Desde a mais tenra idade, estar em uma sala de aula como professora foi o que me motivou a enfrentar os desafios da vida. Desde a primeira turma, que me foi tirada, até o ensino superior, foi preciso mostrar, demonstrar e provar que tinha capacidade. A jornada passa pela formação acadêmica tão sonhada, quando também, já profissional realizada, enfrentei preconceito e discriminação. Ao superar mais essa fase, chegou o convite para ser candidata a vereadora na cidade de Cascavel.

ELIZABET LEAL DA SILVA

Elizabet Leal da Silva

Pós-doutora em Direito pela Universidade Federal do Rio Grande do Sul (UFRGS). Doutora em Direito pela Pontifícia Universidade Católica do Rio Grande do Sul – PUC-RS. Bolsista CAPES. Mestrado em Ciências Jurídicas pelo Centro de Ensino Superior de Maringá –UNICESUMAR (2009). Graduação em Direito pela Faculdade de Ciências Sociais Aplicadas de Cascavel (Univel). Graduação em Ciências – habilitação em Biologia pela Universidade Estadual do Oeste do Paraná (1994). Autora da obra *Emancipação do trabalhador e dignidade no trabalho* e de vários artigos. Integrante do Banco de Avaliadores do Ministério da Educação. Membro do grupo de pesquisa Direito e Fraternidade: direitos humanos e direitos fundamentais. Professora do Programa de Pós-graduação *stricto sensu* (mestrado), do Centro Universitário Univel. Vereadora no município de Cascavel/PR.

Contatos
lealfeliz@hotmail.com
Facebook: elizabet.silva.37
Instagram: @bethlealoficial
45 99962 9048

Elizabet Leal da Silva

Enquanto sonha, você está fazendo o rascunho do seu futuro. Cada segundo é tempo para mudar tudo para sempre.
Charles Chaplin

Ainda na adolescência tive que aprender a conviver com a discriminação e o preconceito. Minha trajetória da forma como ocorreu se deu em razão de um fato que me fez ainda muito jovem sair da cidade em que meus pais vivem até hoje. Uma situação clara de preconceito racial me impulsionou a buscar alternativas para realizar meu sonho de ser professora.

O fato ocorrido foi que quando iria iniciar o ensino médio na época e também dar os primeiros passos na educação como professora tive o meu grande choque de realidade, pois fui barrada de ingressar na carreira por ser negra, entre tantas coisas que ocorreram, o que mais chocou foi que uma das responsáveis pela escola afirmou que lá não tinha lugar para negro, fato ocorrido há mais de 30 anos.

Diante disso, iniciei os meus estudos secundaristas em outra cidade, no município de Vera Cruz do Oeste/PR, onde fiz o magistério; afinal, queria ser professora, mas nesse mesmo tempo cursei também Educação Geral a fim de me preparar para o vestibular. E foi a necessidade de buscar o meu espaço fora que me tornou mais forte e determinada. Ao concluir o segundo grau, prestei o vestibular em Cascavel.

No período do vestibular vieram outros desafios, pois nem eu mesma acreditava na possibilidade de ser aprovada, pois ao final de cada dia de prova o meu gabarito era diferente dos demais colegas, as respostas não batiam, e no terceiro dia de provas eu queria desistir por medo de passar vergonha e não conseguir atingir o objetivo a aí ficar provado que eu não tinha capacidade. Mas houve a persistência de uma mulher forte, minha mãe, que me acordava de madrugada e me fez ir até o final. Ao sair o resultado aproximadamente quatro meses depois, não me recordo ao certo, de toda a turma que prestou comigo, somente eu e um professor já formado fomos aprovados. A minha emoção foi tanta e a alegria da minha família que pedimos para rezar uma missa em ação de graças.

Quando vim para cá, para estudar na Fecivel (Unioeste), não imaginava que chegaria tão longe. Digo isso porque no começo eu tinha apenas o sonho de me formar no ensino superior, fazer um curso de licenciatura para ser professora, sonho que me acompanhava desde criança. Ao ser aprovada no vestibular, vim para Cascavel, e tinha a meta de me formar e voltar para a cidade de meus pais, porém a vida tomou outros destinos e aqui estou. Em Cascavel há mais de 25 anos, me sinto realizada. No começo, por não ter condições de só ficar estudando, comecei a trabalhar, não tinha como ser diferente. Neste período eu já sonhava como minha independência financeira, não queria e nem tinha como contar muito com meus pais. No começo nada foi fácil, a adaptação, novos amigos, a própria busca por trabalho, entre outros desafios.

Durante o período da faculdade, que era à tarde, trabalhava pela manhã e à noite. O dinheiro era contado, só dava para as necessidades básicas. Para ajudar na manutenção das despesas, iniciei um trabalho de manicure de porta em porta. Nesse período, tive muitas clientes que me ajudaram, inclusive se tornaram grandes amigas. O tempo foi passando e eu cada vez mais próxima de realizar meu sonho de ser professora da rede estadual de ensino. Cada ano que se passava mais próxima estava a tão sonhada formatura.

O amor pela comunicação

Nesse período ocorreu que por conta da faculdade de Ciências com habilitação em Biologia comecei a participar de um pequeno programa de rádio, conduzido por um dos professores. Com isso tive a oportunidade de conhecer a direção da emissora que me fez um convite para fazer parte da equipe da então Rádio Colmeia AM. No momento me surpreendi com o inusitado convite, pois nunca tinha passado pela minha cabeça trabalhar na área da comunicação; sempre persegui o sonho de trabalhar na área da educação.

Aceitei o convite e por um período de seis meses fiz um estágio, mas como ainda estava estudando, precisei priorizar a faculdade. Porém depois dessa experiência acabei gostando da área e retornei ao rádio, na mesma Rádio Colmeia em 1º de junho de 1995, onde permaneço até hoje.

Contudo, antes de ser contratada pela emissora, no terceiro ano da faculdade, as coisas apertaram um pouco mais; tive então que buscar mais um trabalho, foi aí que me tornei demonstradora de produtos em supermercado. Eu divulgava e vendia farinha de trigo, no supermercado; cheguei a ser a vendedora que mais vendeu farinha na cidade de Cascavel naquele período. No entanto, este serviço tomava muito tempo, então resolvi pedir as contas na empresa.

A tão sonhada carreira de professora

Nesse período fui trabalhar no Colégio Polivalente como auxiliar de serviços gerais, fazendo trabalhos na Secretaria da escola. Somente depois de concluir o curso de ciências com habilitação em biologia comecei realmente a ministrar aulas na rede estadual. Não posso deixar de relatar que por um breve período também ministrei aulas pelo município, na escola municipal Ana Nery, no bairro 14 de Novembro. Tinha outro sonho: cursar direito; assim que o curso chegou em Cascavel na Univel, veio então a oportunidade de realizar mais este sonho que me daria a chance de me tornar professora universitária. Mesmo com as dificuldades, a força de vontade em vencer foi maior. Continuei buscando cada vez mais a qualificação profissional. Em 2009, ingressei no mestrado em Maringá. Nesse período eu conciliava o trabalho na rádio e na faculdade.

Em 2014 surgiu a oportunidade de fazer o doutorado. Neste momento penso que tive que tomar uma decisão das mais difíceis, optar entre continuar com o meu trabalho na Univel e permanecer em Cascavel, ou mudar para Porto Alegre e manter minha estada lá com uma bolsa de estudos da CAPES. Era deixar, mesmo que momentaneamente, praticamente 20 anos de vínculo trabalhista. Mas era a oportunidade que não poderia deixar passar, mesmo sabendo das dificuldades que enfrentaria até porque nunca tinha saído do Paraná.

Esse período foi um divisor de águas em minha vida, pois além de sair de Cascavel, também saí do Brasil. Em razão do doutorado realizado na PUC do Rio Grande do Sul desenvolvi estudos na Europa. Essa experiência sem dúvida deu início a um novo ciclo em minha vida, pois iniciei uma série de trabalhos e eventos internacionais, passando por Alemanha, Espanha, Itália, França e Portugal. Tudo isso me trouxe conhecimento, mas também situações que jamais imaginei vivenciar. Foram eventos em que sofri na pele a discriminação racial por ser negra, sofri assédio moral por parte de um professor na Espanha, que fazia questão de me humilhar enquanto estive na Universidade de Sevilha. Passei tudo isso longe dos pais, dos amigos, em terras desconhecidas, mas não desisti; tenho que reconhecer que também tive muito apoio.

Antes de defender a tese, uma das integrantes da minha banca final me convidou para ser sua orientanda no pós-doutorado; fato que me fez acreditar que não importam as dificuldades, sempre teremos momentos de glória. O convite da professora Luciane Barzotto – esse é o nome dessa grande mulher, que hoje é desembargadora no Tribunal Regional do Trabalho no Rio Grande do Sul – foi muito importante. A empatia demonstrada por ela como mulher e profissional pelo meu trabalho me mostrou que podemos sim acreditar na possibilidade de mulheres se apoiarem.

Nesse momento já estava voltando para Cascavel e como o pós-doutorado é mais tranquilo decidi então aceitar o novo desafio de ser candidata a vereadora, e disputar uma cadeira no legislativo de Cascavel, cidade com mais de 330 mil habitantes. Sei que foi mais uma escolha certa, pois falando em trajetória acadêmica concluí todas as etapas, mas sigo sempre me atualizando; afinal, professor nunca para de estudar.

Novo desafio: ser mulher na política

Ao concluir essa trajetória, não seria suficiente ficar só na docência, já que amo tanto compartilhar conhecimento? Seria, mas novamente surge outra oportunidade, agora em um espaço totalmente diferente, a política, um ambiente dominado predominantemente por homens. Após concorrer pela primeira vez e ser eleita, ao assumir minha cadeira na Câmara, senti o quanto o cenário político é duro para nós, mulheres; por vezes, sofremos assédio moral, somos alvo de piadinhas, somos desrespeitadas não só por nossas ideias e posicionamentos, mas pelo fato de sermos mulheres. Diante da realidade que encontrei, iniciei um trabalho para que mais mulheres também aceitem o desafio de ingressar na política.

Para que as políticas voltadas ao público feminino se tornem efetivas, é preciso que tenhamos mais mulheres as discutindo, mais mulheres apresentando propostas que atendam às demandas e às necessidades femininas. É preciso desmistificar o ditado que diz: "Mulher não vota em mulher"; é preciso mostrarmos, umas para as outras, que estamos juntas em prol de uma causa, de um objetivo e de um ideal.

Hoje, chegando praticamente ao final deste primeiro mandato como vereadora em Cascavel, tenho a consciência da importância do trabalho político em minha cidade, especialmente evidenciando a participação feminina. Vários projetos foram desenvolvidos visando contribuir com a melhoria da qualidade de vida da população, especialmente das mulheres. Nesse sentido, reforço o convite para que mais mulheres venham fazer parte deste mundo, pois somente assim acredito que a equidade entre homens e mulheres no cenário político poderá efetivamente ocorrer. Me vejo como uma inspiração para muitas pessoas, especialmente para as mulheres que sonham em transformar a sociedade por meio do conhecimento e da política.

Minha fé em Deus e minha sede de justiça não me deixam desistir

Temente a Deus, acredito nos desígnios d'Ele para cada um de nós. Ao longo dessa trajetória tive ainda a chance de fazer por dois anos seguidos o caminho da fé. Foram aproximadamente 320 km percorridos a pé em dez dias entre os estados de Minas Gerais e São Paulo a caminho da Aparecida do Norte. O caminho foi para mim, sem dúvida, uma fonte de mais inspiração e determinação para enfrentar e superar as dificuldades. Durante o caminho, muitas vezes dá vontade de desistir, nosso corpo chega à exaustão, mas se revigora a cada novo dia que retomamos a caminhada.

Essa fé em Deus é que me fez aceitar e superar os vários desafios que foram se apresentando para mim ao longo da minha vida. É na fé em Deus e na devoção a Nossa Senhora Aparecida que busco me fortalecer, para continuar firme lutando pelos meus ideais, sem, contudo, jamais esquecer que todos os dias é preciso se preparar para novos desafios e novas lutas.

Referência

SILVA, E. L. Sensível, versátil e multitarefas. *Anuário da ACIC*, Cascavel, p. 38-40. Tuicial, 2021/2022.

10

FUI DESLIGADA!

Existem áreas da vida que se misturam. Afinal, somos por inteiro, ora profissionais, ora esposas, amantes, mães, filhas; enfim, mulheres de tantas versões. Quando imersas nisso tudo, sem avisar, tão de repente, somos surpreendidas em áreas de nossas vidas que nem imaginávamos. Quando a surpresa é negativa, nem sempre estamos preparadas para tantos ajustes. E foi isso que me aconteceu. Dar e receber escuta ativa e, sobretudo, buscar os ajustes necessários podem ser alternativas saudáveis para fazer a conversão e retomar o caminho.

FABIANA WEIS

Fabiana Weis

Fundadora da Consultoria em Gestão de Pessoas Fabiana Poletti. Fundadora e sócia da Cooperativa de Serviços Agecoop. Especialista em gestão de pessoas. Consultora e mentora na área. *Headhunter* e *jobhunter*, *personal* e *executive coach*. Experiências que somam mais de 20 anos e contemplam desde a implantação da área de gestão de pessoas até a condução de empresas ao ranking de melhores empresas para se trabalhar no Brasil e no Paraná. Atua com processos seletivos e recolocação profissional.

Contatos
www.fabianapoletti.com.br
Facebook: consultoriafabianapoletti
Instagram: @fabiana.poletti
LinkedIn: fabianapoletti
45 99117 7077

Aos 53 anos, no auge de minha carreira, feliz e realizada com aquilo que Deus me preparou até aquele momento, veio a notícia, fui desligada! Como assim, de repente, sem aviso, sem pistas? Minha mente pirou, meu coração apertou, perdi o chão, não me imaginava fazendo outra coisa. Não imaginava outro mundo, diferente daquele, nos meus planos eu iria além da aposentadoria. Mas era o fim. Depois de 28 anos de realizações e alegrias, nos quais me sentia completa, alguém veio me dizer: acabou, quero mais que isso aqui, quero diferente. Fui desligada pelo meu marido.

No mundo profissional vivemos em constantes guerras. Ao menos no Brasil, somos criados para competir, para sermos os melhores em tudo, para ganharmos dinheiro. E para ganharmos dinheiro, precisamos mostrar as nossas qualidades. As qualidades técnicas são até fáceis de serem inseridas em nossas vidas, aquelas chamadas *hard skills*. A criança aprende rápido a andar de bicicleta, a amarrar o cadarço, a escrever e ler. Isso tudo é automático, existem formas de aprender e formas de ensinar. E quanto mais ando de bicicleta, quanto mais leio e escrevo, mais rapidez vou ganhando e mais qualidade vou mostrando para os outros. Aqueles colegas que não são tão empolgados e não estudam ou praticam tanto vão ficando para trás.

Na vida adulta e profissional, é só lembrarmos de nosso primeiro dia de trabalho, aquele dia ou aquela primeira semana em que tudo é estranho, muita informação, muitos arquivos, muita novidade e muita exceção à regra. Mas lá vamos nós, se não desistirmos em meio às críticas, ao julgamento, à vontade de chorar das primeiras semanas, vamos longe com o aprendizado em conhecimento.

E quem nos ensina atitudes? Quem nos dá limites e pensamentos altruístas em um mundo de competição desde a infância, em que o nosso desenho poderia ter sido mais bonitinho que do colega? Quem ensina os pais, que aprenderam com os bisavós e tataravós que é preciso sobreviver e, para isso, é necessário deixar o outro para trás? *Tadinhos* de nossos pais, *tadinhos* de nós que só queremos o bem de nossos filhos e, sem querer, os colocamos em competição com eles mesmos. Perguntamos a nota que o colega dos filhos tirou só para comparar e termos parâmetros. Não fazemos ideia do quanto isso faz mal para eles. Quando perguntamos o motivo pelo qual o filho agiu de determinada forma e logo emendamos a frase de que ele deveria ter feito de outro jeito que ficaria melhor, estamos julgando. E os filhos dizem: "Mãe, nunca tá bom pra você. Tudo o que eu faço tá errado, só me critica". Desta criança, surge um adulto profissional que tomou forma dentro de famílias, escolas e círculo de amizades dos mais diversos, e suas atitudes são resultado de experiências vividas até aqui. Como ajustar este modelo que já está enraizado em nossa cultura? Por isso é muito mais desafiador mudar um comportamento do que aprender um conteúdo.

Estamos cada vez mais conscientes de que somos contratados por conhecimento e demitidos por atitudes. Profissionais mais bem-sucedidos possuem competências comportamentais muito mais alinhadas com o que o mercado precisa do que simplesmente o conhecimento absurdo de determinado assunto.

Vivi esta experiência quando fui contratada aos 20 anos por uma rede de empresas de renome no Brasil, sem ter absolutamente nenhuma experiência na área e com conhecimento zero, a não ser a graduação que era pífia e em desuso. Na época eu era muito tímida, porém prestativa, e isso fez toda a diferença. Meu ouvido funcionava muito, ficava atenta às pessoas, era verdadeiramente uma *escutadora* ativa, ouvia os colegas para repetir o que estavam fazendo bem-feito e ouvia a liderança para entender o que era necessário executar. Eu também era muito humilde, tudo o que me pediam ou mandavam fazia imediatamente e com vontade, sem entraves. E sabe o iniciante que é colocado para fazer tudo o que os outros não gostam de fazer? Bem isso, era eu. E foram minhas atitudes que me levaram à gerência em curto tempo; tinha pouco conhecimento, mas gostava de pessoas, me colocava no lugar delas e as tratava bem. Mas como posso saber se o que eu estava fazendo era ok? As evidências vieram rapidamente, os *feedbacks* começaram a chegar, as pessoas me procuravam muito e fui galgando espaços, sendo ouvida, até assumir cargos de gestão.

Ser gerente de qualquer coisa nos anos 1990 era estar ao lado de homens o tempo todo. Eu não me afligia com isso, fui deixada de lado em alguns eventos, em rodas de bate-papo e, literalmente, excluída em determinados momentos, mas nem vale a pena citar porque foram poucos e superados com sucesso. Talvez pela minha ingenuidade, nem sempre percebia esses escanteios e, ainda bem, certamente ganhei noites de sono.

E se passaram muitos anos desde a primeira experiência como gestora. Aos poucos, fui ganhando forma e ajustando algumas coisas. De uma gerente que fugiu dos desligamentos que precisavam ser feitos, inventando desculpas para não encarar o colaborador, a uma gestora responsável por seus atos e ciente de que é seu dever acompanhar o desempenho das pessoas que contratou e que demandam atenção, *feedbacks* e precisam de referência e inspiração. Nesse tempo, foram várias as vitórias e só se ganha fazendo e dizendo SIM para os desafios e estando aberta a aprender.

A voz da sororidade

É interessante como as pessoas me viam sendo parte da empresa, como dona. Em uma de minhas mudanças de emprego, me abordaram comentando que nunca pensariam que sairia dali. Talvez esta possa ser uma das condições de sucesso e felicidade no trabalho, se sentir parte, estar engajada.

Uma de minhas grandes evoluções foi aprender a encarar as pessoas e dizer a elas o que estou sentindo e pensando a respeito da situação em que estamos envolvidas. Falar a verdade, dar *feedback* não é nada fácil; afinal, faz parte da natureza humana se proteger e, em geral, fugir de conflitos e querer agradar para ser agradado. A franqueza é desafiadora e, quando não há sinceridade, e sim rodeios e subjetividade, pouco evoluímos. Colaboradores, especialmente os mais jovens, estão afoitos por avaliação. Amigos deveriam receber mais *toques*, mas geralmente não estão preparados. Os filhos fogem de conversas sinceras e os maridos aturam, mas odeiam.

Entendo que ouvir o outro e falar dele é uma das ferramentas mais poderosas de transformação de *soft skills*. Na maioria das vezes, não percebo meu modo de agir, mas o outro, além de ver e perceber, sente na pele as consequências de como ajo.

O poder do *feedback* é de mudança de rumo, é de oportunizar ao outro um olhar para dentro, mesmo que ele não aceite no primeiro momento. O *feedback* lida com nosso ego, nos faz refletir e mexe com nossa estrutura, pois muitas vezes realmente não percebemos o que estamos reproduzindo constantemente.

Falar simplesmente o que está acontecendo é bem fácil; agora se queremos de fato o bem do próximo, é importante começarmos com a preparação do que iremos falar. Sair por aí dizendo o que pensamos naquela hora da raiva em 95% dos casos não vai ajudar; só gera um clima de tensão e desgaste da relação. Voltar atrás nesse momento e perceber o que e como foi feito facilita. Pedir desculpas é de graça, vai doer, mas a dor passa rápido e ficam as recompensas de uma boa comunhão entre pessoas. Isso se aplica ao casamento e aos filhos.

Entendo que para falar francamente para o outro aquilo que está acontecendo é preciso preparo de qualidade. Incluído nisso está pensar como o outro é e como vai encarar a devolutiva. Está em pensar com carinho a forma de comunicar, o momento certo, o local onde essa devolutiva será dada e até sua posição na frente do interlocutor. Me lembro de várias situações em que fui falha ao dar um *feedback*, sempre em detrimento do imediatismo. Certa vez me pediram a opinião sobre um treinamento que seria ministrado na empresa. Como eu já conhecia o método e o conteúdo, não hesitei e me posicionei por escrito opinando sobre a prática, porém de maneira que pareceu agressiva e soberba, como se fosse a dona da verdade. A reação foi cheia de farpas a respeito de minha insensibilidade e a forma como me portei não foi nada legal. As opiniões são bem-vindas com contextualização.

Quando perguntamos se a pessoa quer um *feedback*, estamos dando a ela oportunidade de dizer *não* – caso ela não esteja preparada; e de falar *sim* – e ficar focada nesses momentos preciosos que podem alterar uma relação, tanto de trabalho como matrimonial. Isso já abre portas.

O fato de nos moldarmos ao interlocutor nos coloca à frente de várias intercorrências que possam vir a acontecer. Preparar-se é respirar fundo e falar com calma, com respeito e amor, é desejar ao outro que evolua e que perceba o que suas atitudes causam para a gente. É deixá-lo explicar motivos que não entendemos por vezes e interagirmos no propósito de evoluirmos juntos. Confundir a explicação com justificativa é bem perigoso, o ser humano tem uma grande capacidade e interesse em se colocar na defensiva, em argumentar. É preciso cuidado, as discussões são positivas, mas podem nos levar ao desgaste e à quebra de relacionamento duradouro. Ninguém gosta de uma crítica, mas se soubermos receber, também saberemos dar.

    Confesso que sou mediana com palavras, parece que minhas frases não saem de minha boca como eu gostaria e com facilidade. Por isso que hoje, com mais maturidade e me conhecendo um pouco melhor, uso a minha estratégia, me preparo, planejo, escrevo antes de fazer. Meu tom de voz assusta, já recebi avisos de que me exalto. Me conheço a cada dia mais e, por isso, me movo no sentido de absorver minhas lacunas.

    O que define a pessoa não são as palavras, mas suas ações. Somos o que fazemos, não o que dizemos. Palavras de *feedback*, sem a ação e o exemplo, só desgastam qualquer forma de evolução de todas as partes.

    Voltando-me lá naquela história inicial, há 28 anos, em que disse SIM no altar perante Deus, e chegando até 2023, sendo acometida por um NÃO, digo que, assim como nas empresas, nada é perfeito. Eu achava que meu casamento era ótimo, era exemplo; e me deixei levar pelo comodismo, não houve mais evolução de minha parte. O *feedback* não veio, foi como se a empresa já estivesse com meu nome no caderninho há bastante tempo, só observando minhas atitudes e esperando o momento certo para dar a carta de demissão. Sem *feedback*, não há evolução, não há percepção do que precisa ser ajustado, o ser humano nem sempre percebe o que está fazendo com o outro se não diz que está doendo, se fala que está tudo certo. É como aquele susto de ser desligado da empresa sem a menor hipótese de que isso pudesse acontecer.

    Como diz minha filha, no fim das contas, cada um oferece aquilo que tem. Crescer em uma área não significa necessariamente colocar de lado outra, ou ainda retroceder em outra. Deixar de projetar no outro seu motivo de felicidade e saber lidar com a felicidade alheia ao mesmo tempo é tarefa difícil. Viver essa experiência dolorosa do desligamento me ensina demais e quero amparar outras mulheres que vivem, viveram ou viverão a história e guerrear para que homens se acostumem cada vez mais com mulheres ocupando lugares de destaque, realizando desejos e sonhos, sendo líderes até mesmo de outros homens. Quero contribuir para que haja conversas francas e restauradoras e que homens e mulheres possam ter equidade.

Ficam as lembranças, inúmeros bons momentos e aprendizados infinitos do tempo em que éramos quatro. Fica o orgulho da história construída juntos. Fica o legado que jamais será apagado. Fica o aprendizado e o alerta. Se algum dia entenderemos, talvez, aqui nesta terra não. Deus tem propósitos e sempre são bons.

Mudança; adaptabilidade; resiliência. A mulher tem essas forças e habilidades, próprias de sua natureza.

Vivo por um mundo melhor, uma empresa melhor, um casamento melhor. Estou sempre na caminhada, ela não pode parar.

11

MULHERES E EMPRESAS CONECTADAS POR UM PROPÓSITO

Este capítulo vai desafiá-la a olhar para você e sua empresa de maneira mais humana, consciente e inspiradora. Desenvolver uma mentalidade com essa conexão ajudará a entender o seu porquê e para quem você empreende. As experiências e estratégias compartilhadas aqui poderão transformar sua empresa se colocá-las em prática. Chegou o momento de você fazer sua empresa FLUIR.

FERNANDA LEMES

Fernanda Lemes

Economista graduada pela Faculdade de Ciências Sociais Aplicadas de Cascavel/PR (Univel). Programa Internacional *Leader Coach* – LeaderART Internacional. Pós-graduação em Antropologia Cultural e Social FOCUS. Palestrante e mentora. Programa de mentoria para mais de 1.000 mulheres – Mulher Empreenda Mais, em Cascavel/PR. Experiência em grandes empresas: Pernambucanas, SetaDigital/Linx, Sapati (a 1ª loja laboratório do Brasil) e Wealth Systens/TOTVS. Apaixonada pelo processo de evolução humana. Fundadora da Fluir Talentos Humanos. "Meu maior sonho é estimular a mentalidade empreendedora e cooperativista nas empresas brasileiras para tornar nossa nação mais próspera".

Contatos
fernandalemes.my.canva.site
conecta.bio/fernandalemes
Facebook: fernanda.lemes.54
Instagram: @fernandaa.lemes
LinkedIn: fernanda-lemes-b2b37227/

Fernanda Lemes

Não se limite. Muitas pessoas se limitam ao que elas acham que podem fazer. Você pode ir tão longe quanto sua mente permitir. O que você acredita, lembre-se, você pode alcançar.
MARY KAY ASH

Uma menina de família humilde, com um sonho ardente em seu coração: desejava que sua vida fizesse sentido e inspirasse outras meninas que também quisessem deixar seu legado em vida.

Filha da Dona Élia e do Sr. José, pais que ensinaram a importância de valores como servir e ser honesto. Muito dedicada às pessoas e aos estudos. Aos 13 anos de idade, decidiu correr riscos. Começou a trabalhar em uma feira de produtores rurais em sua cidade, Cascavel/PR, e de lá para cá não parou mais de EMPREENDER.

Descobriu que correr riscos é bem diferente de se arriscar. Mesmo que de modo inconsciente já tinha um desejo forte de trabalhar em uma das maiores varejistas do nosso país. E ela, com brilho nos olhos e um sorriso contagiante, escreveu em uma folha de papel almaço seus dados pessoais e seus desejos de aprender e se desenvolver e foi até a Pernambucanas com a esperança de conquistar uma oportunidade. E assim aconteceu, iniciou como estagiária e foi buscando seu espaço.

A voz da sororidade

Um de seus objetivos era fazer uma faculdade, estava empenhada em concluir o segundo grau para começar. Seu primeiro salário, R$ 150,00, ainda não era suficiente para pagar os estudos. Então, decidiu aprender em outras atividades para que pudesse fazer oito horas de trabalho e, assim, ganhar o suficiente para a faculdade.

O curso desejado era Direito, mas o escolhido foi Economia, porque naquele momento era o valor que poderia pagar. E ela ficou muito orgulhosa de realizar um de seus grandes sonhos. Foram longos anos de muita persistência, cansaço e gratidão. Valeu a pena todo sacrifício e dedicação.

Permaneceu na empresa por quase duas décadas, do estágio à gestão de departamento. Ela compreendeu que a teoria é bela, mas a prática gera transformação e resultados. Resolveu experimentar novas experiências: algumas, com fracasso; outras, com sucesso. Observou que as duas últimas empresas em que trabalhara foram adquiridas por grandes companhias, não restava dúvida do que aconteceria: a lagarta passou pelo processo e virou uma linda borboleta, e foi EMPREENDER.

Em 2021, no meio da maior pandemia da história da humanidade, decidiu abrir a própria empresa. Na época, com o nome "Foca no Varejo", a empresa nasceu com o propósito de ajudar a levar mais alegria para as empresas por meio de conhecimento, habilidades, atitudes e uma visão estratégica.

Essa mulher corajosa, inteligente e sonhadora nunca parou de aprender e de se desenvolver. Ela olhou para sua história, sua trajetória profissional e fez um planejamento estratégico mais profundo de sua empresa; aí surgiu um olhar de fluidez para os negócios e a empresa passou a se chamar "Fluir Talentos Humanos"; as iniciais FL representam Fernanda Lemes, uma coincidência divina e providencial.

A FL faz consultoria empresarial e atende diversos segmentos, tem como principal objetivo estimular as pessoas a PENSAREM

DE FORMA ESTRATÉGICA com atitude de dono em sua vida e negócios.

Deixe sua marca no mundo

A vida é um aprendizado constante; nos negócios, não é diferente. O processo muitas vezes nos traz sofrimento, seja pela falta de conhecimento, pela falta de prática ou até mesmo pelo ambiente em que estamos inseridos. A única desistência que não pode acontecer é desistirmos de nós mesmos. Então, o propósito que está dentro de cada um será a cura para todas as feridas. Você nasceu para fazer a diferença, ative sua identidade e busque o autoconhecimento incansavelmente.

Estamos nesta vida para evoluir e servir. É uma jornada essencial para as mulheres que querem contribuir deixando um legado. Ao se conhecerem melhor, as mulheres podem explorar paixões, valores, talentos, habilidades e essência. E para essa imersão interna, existem ferramentas que podem apoiá-las, como o IKIGAI, descrito pelo neurocientista Ken Mogi como "razão de viver" ou "o motivo que te faz acordar todos os dias".

O termo surgiu em Okinawa, um conjunto de ilhas no sul do Japão, com moradores centenários. Também conhecida como "Terra dos Imortais", os moradores da ilha afirmam que *Ikigai* é o segredo para a longevidade.

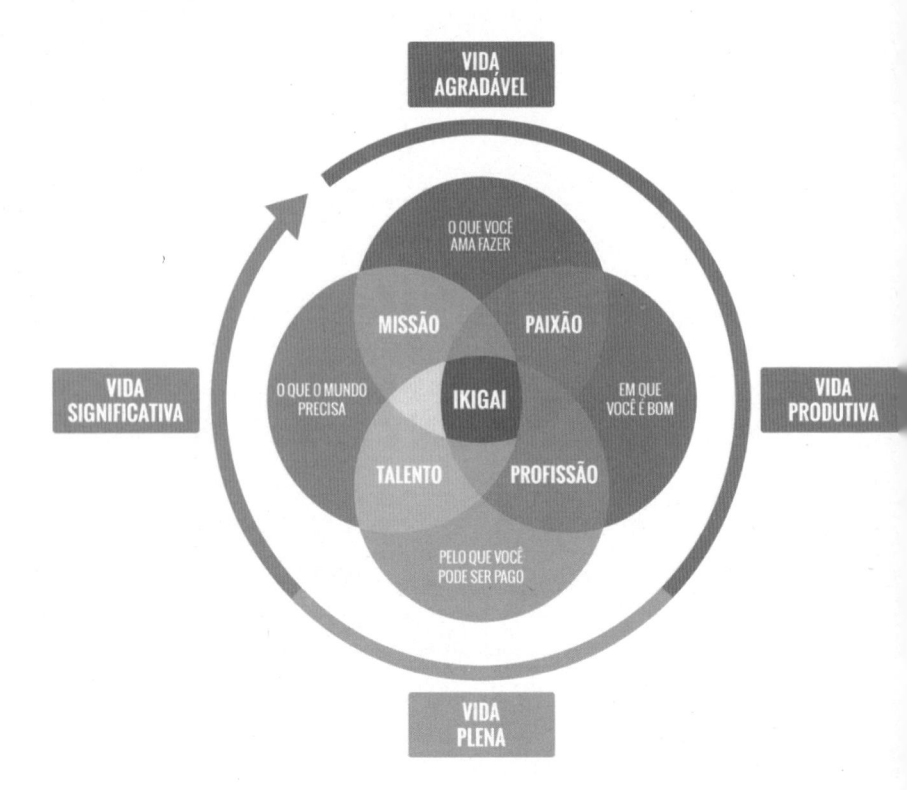

Diagrama Ikigai:
- VIDA AGRADÁVEL (topo)
- VIDA PRODUTIVA (direita)
- VIDA PLENA (base)
- VIDA SIGNIFICATIVA (esquerda)

Círculos:
- O QUE VOCÊ AMA FAZER
- EM QUE VOCÊ É BOM
- PELO QUE VOCÊ PODE SER PAGO
- O QUE O MUNDO PRECISA

Interseções: MISSÃO, PAIXÃO, PROFISSÃO, TALENTO — no centro: IKIGAI

Mas como funciona esta ferramenta? Pegue uma folha de papel e escreva tudo o que você ama fazer; coloque tudo o que está em seu coração, sem pensar muito, apenas escreva. De tudo o que escreveu, quais são as coisas que você faz muito bem e que gosta de fazer. A próxima etapa é compreender as atividades que você ama e faz bem, quais poderiam ser pagas para serem realizadas.

Das atividades finalistas, define-se quais são as que o mundo precisa. É um poderoso ponto de partida para aquelas que desejam deixar uma marca inspiradora e significativa no mundo.

Seis pilares estratégicos para deixar sua marca no mundo

SUA MARCA NO MUNDO

1. PROPÓSITO
2. VALORES
3. PRODUTO
4. PESSOAS
5. PROCESSOS
6. TECNOLOGIA

Estas estratégias guiarão o dia a dia de sua empresa. Tenha constância, disciplina e muita atitude para que essa teoria seja praticada. Para ter clareza de seu negócio, entenda que o **propósito** inspira e move pessoas, a **missão** descreve o negócio e a **visão** evidencia o patamar que a empresa quer alcançar. Já os **valores organizacionais** direcionam o comportamento e as atitudes dos profissionais da empresa.

Vamos compreender melhor como cada um desses pilares estratégicos podem impactar positivamente seus negócios.

1º pilar: propósito

É uma declaração clara e inspiradora sobre o impacto que a empresa deseja causar no mundo, missão e valores fundamentais que vão além do lucro financeiro. Ter um propósito claro e autêntico pode ajudar a empresa a definir objetivos e metas, motivar e engajar colaboradores, fortalecer a reputação e diferenciá-la dos concorrentes.

Um belo exemplo é a Cooperativa Sicredi®, que tem como propósito "construir, juntos, uma sociedade mais próspera, promover o desenvolvimento local e melhorar a qualidade de vida das pessoas". E o propósito tem valor quando reflete as ações dos colaboradores, clientes e fornecedores que se conectam à marca.

2º pilar: valores

Contrate caráter, treine habilidades. Os valores são importantes porque ajudam a orientar o comportamento dos colaboradores da empresa e a tomar decisões compatíveis com seus princípios. Eles também ajudam a definir a cultura da empresa e a criar um ambiente de trabalho positivo e respeitoso, e são inegociáveis.

Um *case* que representa esse pilar é a Natura®, que acredita no potencial das relações e no poder da cosmética como ampliadora de consciência; também é conhecida por seus valores de sustentabilidade, responsabilidade e diversidade, refletidos em suas operações e produtos.

3º pilar: produto

O pilar *Produto ou Serviços* necessita de muita atenção; afinal, estamos falando do "pulmão" de sua empresa. O produto tem que ser bom o suficiente para atender às necessidades do cliente, também trazer solução real para suas dores.

Use seu produto e peça a seus colaboradores que façam o mesmo para que sua empresa possa ter ainda mais experiências de usabilidade para avaliar a qualidade do que está sendo oferecido.

Para este pilar, a Apple®, que é conhecida por seus produtos inovadores e *design* elegante. O iPhone é um exemplo que revolucionou a indústria de smartphones e conquistou uma base de clientes apaixonados pela marca.

4º pilar: pessoas

Simon Sinek foi muito feliz em sua expressão: "Cem por cento dos clientes são pessoas. Cem por cento dos funcionários são pessoas. Se você não entende de pessoas, não entende de negócios". Entender de pessoas é um desafio para cada um de nós – e acredite que essa é a forma mais poderosa para evoluirmos.

Começando pelo autoconhecimento, o respeito pela individualidade e a união das reflexões de todas as gerações. Quando olhamos para os negócios enquanto empreendedores, temos uma responsabilidade gigante de apoiarmos nossos colaboradores para que prosperem em suas vidas. Contratar alguém com o propósito de obter apenas o "lucro" é condenar sua empresa à falência em um curto espaço de tempo ou, ainda pior, viver em um ambiente negativo diariamente.

A Google® é um *case* que representa bem este pilar. Ela é conhecida por sua cultura de inovação e atração de talentos, oferecendo benefícios incríveis e ambientes de trabalho inspiradores.

5º pilar: processos

Processo é um conjunto sequencial e particular de ações com objetivo comum. Dentro de uma empresa, os processos contribuem para conduzir as atividades e agregar valor para o cliente. Imagine a sua empresa sem nenhum processo definido? Onde não há clareza, há trevas.

É importante alinhar todos os processos que facilitam a vida dos colaboradores e clientes. Quer obter resultados grandiosos? Acompanhe a gestão da sua empresa.

Exemplo que representa processos é a Toyota®, famosa pelo Sistema Toyota de Produção, que otimiza os processos de fabricação para minimizar desperdícios e maximizar a eficiência.

6º pilar: tecnologia

Tecnologia é um produto da ciência e da engenharia que envolve um conjunto de instrumentos, métodos e técnicas que visam à resolução de problemas. É uma aplicação prática do conhecimento científico em diversas áreas de pesquisa. Faça um tour por sua empresa e entenda quais áreas necessitam urgentemente da tecnologia para facilitar sua vida e de seus colaboradores. Lembre-se: investimento é aquilo que traz retorno.

A tecnologia é importante para escalar sua empresa ou até recuperá-la de uma possível falência. Temos o exemplo da Blockbuster®, que era responsável por liderar o mercado de locação de vídeos. Porém, em 2011, a companhia declarou falência. Naquele momento, ela já encarava a perda de mercado para concorrentes que foram mais ágeis na adequação às mídias digitais.

Inicialmente, a Netflix® enviava DVDs via correio para a casa de seus clientes. Entretanto, a empresa teve a percepção de que as necessidades de seus consumidores eram outras e iniciou a caminhada para a disruptura de seu mercado com o *streaming* de vídeos sob demanda. A agilidade da Netflix® para se adequar à nova tecnologia fez que a empresa batesse a marca de 137 milhões de assinantes em 2018 e receita de US$ 11,3 bilhões ao ano. Atualmente, além de oferecer o serviço de *streaming*, a companhia se tornou uma das principais produtoras de conteúdo do planeta, levando produções às principais premiações da indústria do entretenimento.

Esses casos ilustram como cada pilar desempenha um papel importante no sucesso de uma empresa. Quando todos esses pilares são fortalecidos e trabalham juntos de maneira harmoniosa, a empresa está bem posicionada para alcançar um crescimento sustentável e impactar o mundo.

Uma obra em construção

A vida dessa mulher empreendedora continua sendo construída dia após dia, aproveitando todas as oportunidades que encontra ou cria em seu caminho. Aprendendo que os erros e os fracassos acontecem e fazem parte da vida, mas merecem atenção especial para se aprender o que vieram ensinar.

Mulheres, a força da grande mudança e transformação que tanto desejam e buscam está dentro de vocês – é o autoconhecimento. Utilizem todo seu potencial para servir as pessoas e impactar a vida de outras mulheres que aguardam sedentas por suas mensagens.

O palco é seu, é nosso, por isso ASSUMA O PROTAGONISMO DA SUA VIDA.

Referências

GARCÍA, H.; MIRALLES, F. *IKIGAI: os Segredos dos japoneses para uma vida longa e feliz.* 1ª ed. Rio de janeiro: Intrínseca, 2018.

LEMONIS, M. CEO de Camping World. 3Ps da Gestão. YouTube Programa O Sócio 2013 – 2021. Disponível em: < https://youtu.be/GgYflQWA5s?si=zML-q-GqAAIAR2mp>. Acesso em: 29 fev. de 2024.

12

MARCAS ALÉM DO TEMPO

Já pensou que há algo em você que pode marcar a vida de muitas pessoas? Que você é uma marca pessoal a ser desenvolvida primeiramente, para que sua marca empresarial tenha solidez? Nestas próximas páginas vamos refletir sobre a construção de uma marca forte, uma marca que persiste ao longo do tempo e das intempéries. Desejo que ao final desta leitura você tenha grifado frases que tenham movido sua mente e seu interior, que esta leitura gere o desejo de deixar uma marca incrível neste tempo, nesta geração.

FLAVIA ABECHE

Flavia Abeche

Maringaense, filha de Reinaldo Soriani e Oliva Abeche, seus pilares e maiores incentivadores; esposa e mãe. Graduada em Arquitetura e Urbanismo pela UEM, atuou na área por sete anos. Iniciou sua jornada no empreendedorismo em 2016. Para isso, buscou diversas formações em liderança, gestão de pessoas, desenvolvimento comportamental e gestão empresarial. Há três anos, entrou para a Rede Mark-se de Gestão de Marcas e, hoje, é uma franqueada do grupo, além de outras duas empresas em que é sócia.

Contatos
https://www.marksecascavel.com.br
flaviaabeche.marksemarcas@gmail.com
Instagram: @flaviaabeche e @marksecascavel
45 99114-9692

Flavia Abeche

Observe a vida ao seu redor, aprenda a viver com sabedoria. E desfrute o caminho enquanto constrói uma vida bem vivida.

Pense agora sobre a realidade ao seu redor, suas habilidades e limitações, cercada por pessoas e situações, nada disso é à toa. Você não está a passeio nesse tempo. Sua vida é única e o tempo que está vivendo também, estamos nesse momento da história construindo uma história.

Construir uma marca pessoal e, por consequência, uma marca empresarial vai demandar de você um desejo verdadeiro de fazer algo grandioso, uma inquietude de não ser mais um na multidão. E antes de pensarmos em marcas multinacionais, quero olhar contigo a marca que temos desenvolvido dia a dia, pois alguém que não elabora bem sua marca pessoal corre sério risco de não ter uma marca empresarial relevante.

Você não é mais um na multidão

Cada dia da semana é uma oportunidade única de escrever uma história que vale a pena ser vivida. O ser humano carrega em si fôlego da vida e, em algum tempo, se deparará com a busca de sentido e significado, vai refletir nem que seja no momento derradeiro: qual diferença fiz, qual marca deixei?

A voz da sororidade

Para ter clareza do quanto essa questão de uma vida bem vivida é inerente a nossa existência, a enfermeira australiana Bronnie Ware escreveu um livro sobre os cinco maiores arrependimentos relatados por seus pacientes no leito de morte. Nenhum é sobre o dinheiro que não foi possível ganhar, mas sobre o amor ou perdão não entregue, a amizade que não foi cultivada.

Nesse ponto te convido a permanecer comigo nesta breve conversa. É preciso entender o significado da palavra DECISÃO. Tudo na vida envolve tomada de decisão. Decidir é viver. Mesmo nas situações triviais, estamos decidindo, ainda quando achamos que não estamos, também tomamos a decisão de não decidir.

Decidir é diferente de escolher, vai além de comparar situações. Uma pessoa decidida sabe o que quer, sabe quem quer se tornar e a marca que vai construir. E algumas decisões mudam nossa história.

Decidir não ser mais um na multidão, decidir não viver apenas de "sextou em sextou". Nessa jornada, é primordial ser intencional, saber com clareza a direção na qual está indo, porque durante o caminho tudo vai tentar nos distrair. Agir com intencionalidade é ter consciência dos princípios e fundamentos da sua vida.

Em minha vida, uma das decisões mais importantes que tomei foi a de construir um lar. Ainda com sete anos de idade, lembro-me de fazer uma oração e pedir que eu pudesse ter uma família. Esse desejo veio a partir de uma percepção de um casamento em que meus pais não eram felizes; ali na infância, captei que aquilo não precisava ser assim.

Ao longo da nossa vida, tomamos grandes decisões. Cada uma vai nos exigir algo; caso contrário, permaneceremos sendo mais um na multidão.

Sua digital carrega a referência de outra digital

Sua vida é uma sequência de marcas e de histórias que não são desconectadas. Há uma linha que costura nossa narrativa de vida. A sabedoria está em aprender a viver e não apenas existir ou sobreviver. Viver é uma arte.

Observamos, em nossa própria história, as marcas positivas e desafiadoras que formaram quem somos. Mas isso não precisa determinar o futuro, podemos decidir honrar as referências e escrever uma nova história.

Tive uma infância e adolescência cercada de amor. Os natais eram em Curitiba na casa do irmão do meu pai, o tio Genner, que era como um pai doce, um avô bem jovem, fazia tudo para estar pertinho de nós, até hoje me lembro da sua casa e dos natais lindos e encantados que passávamos juntos.

Atualmente, mesmo acessando a tecnologia que facilita nossas vidas, somos mais atribulados no tempo e na percepção, deixamos de viver para estarmos "conectados". Digo isso, porque os natais na casa do meu tio eram repletos de significado, afeto e presença. Eu te pergunto: será que dedicamos tempo para construir essas lembranças memoráveis com nossos filhos? Ou somos consumidos por tarefas inacabadas do fim de ano e tragados pelo consumismo das listas frias de presentes?

São memórias profundas que aquecem a alma, marcas que carrego e tenho o compromisso de transbordar a outros. Podemos nos entregar à tarefa de construir marcas felizes com quem amamos; não é preciso muito dinheiro, mas sim investir tempo e esforço. Para gerar algo de valor, é preciso uma entrega genuína.

Tive excelentes referências. Como elas são importantes em nossa vida, ainda mais na infância. Aqui quero trazer um ponto de atenção. Você já refletiu sobre quem são as pessoas que cercam sua convivência familiar? Quem está marcando a personalidade e história da sua família? Ou até mesmo na sua empresa?

Apresente boas referências aos que estão ao seu redor, ensine-os a admirar pessoas excelentes. Pessoas admiram pessoas, pessoas inspiram pessoas, pessoas marcam a história de outras pessoas. É muito bom ter pessoas reais e inspiradoras, pois temos a chance de escapar da mediocridade.

Outra pessoa que fez parte da história da minha vida foi minha tia Emília, que marcou profundamente minha personalidade. Ela ficou viúva com dois filhos pequenos para criar. Seu esposo foi assassinado de modo brutal. Cresci vendo minha tia enfrentar muitas batalhas; ainda assim, ela era uma mulher inspiradora, elegante e que guardava a fé diante das incansáveis dores que se apresentavam.

A história é escrita a cada dia, a cada decisão; nosso nome será citado na história de várias pessoas, quer você já tenha pensado sobre isso ou não. Isso é legado.

Legado

Não podemos impedir alguns sofrimentos que nos são apresentados, mas podemos decidir como viver tais sofrimentos. Aprendi que algumas pessoas amenizam seu sofrimento quando se permitem amparar outros que sofrem, ou seja, quando deixam de olhar fixamente para as feridas e passam a acolher as feridas dos que estão ao seu redor. Ser útil, servir, se doar é um alicerce da construção de legado.

A vida da tia Emília não era fácil. Com a viuvez, houve graves dificuldades financeiras, tendo que reconstruir sua carreira profissional em uma nova cidade. Até que ela foi agraciada com um novo casamento, que lhe deu força e amparo para enfrentar outro desafio que surgiria, um filho mergulhado no mundo das drogas. Foi a batalha mais difícil que ela travou. Durante 12 anos, incansavelmente, ela lutou de pé e de joelhos pela vida do seu filho.

Observar como se vence uma batalha dessa magnitude não é uma ciência exata; e quando digo **vencer, nem sempre é sobre o fim exato que esperamos, mas sobre a vitória de não ser tragado pelas circunstâncias**.

Decidir como vamos reagir a essas situações deve ser pensado. É imperativo refletir sobre o rumo que nossa história está tomando. Escrever uma boa história dá trabalho, mas traz luz a sua marca.

Fazendo um paralelo com nossos negócios, uma marca de sucesso gera valor para seus clientes quando entrega muito mais que qualidade, bom preço e bom atendimento; isso é *commodity*.

Uma marca que tem consumidores fiéis e até mesmo aqueles clientes que defendem a reputação de sua marca querida é a que se importa com a linha do tempo, com a história que está sendo escrita, com a experiência vivida.

A vida é linda, preciosa, única, misteriosa, e também frágil. É preciso atenção constante. Minha tia escreveu um legado, ao mesmo tempo que viveu dores intensas, entregou amor e força ao seu redor, deixou uma marca de que relacionamentos são importantes, nunca achou que a dor do outro fosse desprezível.

Ela não era perfeita, longe disso. Mas ainda que você esteja enfrentando problemas complexos, é possível deixar uma marca positiva, você não está nesse exato lugar e momento à toa.

Em 2022, recebi a notícia de que minha tia havia partido. Esse momento foi de reflexão profunda, tantas pessoas foram se despedir e falar o quanto ela havia sido importante, sua presença, palavras e ações impactaram seus caminhos. Ali, diante do momento último da vida, algo bradou em meu interior: eu vou ser para alguém o que ela foi para mim.

Alguns sonham em mudar o mundo, eu decidi marcar positivamente aqueles que cruzarem a minha jornada. E você, qual é sua decisão?

Vivendo o legado em tempos difíceis

Na minha vida profissional, passei por muitos momentos diferentes. Isso me afligiu por um tempo, queria ter toda a confiança e decisão que sempre tive na minha vida pessoal também dentro do campo profissional.

O ano de 2020 foi mais recluso, me entreguei exclusivamente à família e aos estudos; um ano de fortalecimento emocional para enfrentar uma das batalhas mais difíceis da minha vida.

Em 2021, fomos contagiados com a Covid-19. Aparentávamos uma boa evolução do quadro, quando, no 7º dia, começamos a piorar rapidamente. Para meu esposo, o quadro ficou grave. Num sábado ao amanhecer, depois de uma noite de febre alta e persistente, com a saturação despencando, o médico me orientou a conseguir um tubo de oxigênio para instalar em casa, evitando a hospitalização. De maneira desesperada, movi céus e terra para conseguir aquele equipamento. Passei o sábado monitorando a saúde de meu esposo, eu estava extremamente cansada, mas com os sinais de saúde melhores que o dele.

Na manhã de domingo, algo inesperado aconteceu: o tubo estava vazio. Como isso poderia ter acontecido? Seria um vazamento? Não, de fato foi utilizado, pois o quadro era gravíssimo. Fomos atônitos ao hospital.

Após os exames, foi encaminhado para a UTI. Lembro-me de pegar seus pertences para internação, parecia uma despedida. Foram dias de muita tensão, fé e oração. São nesses momentos, no vale da sombra, que somos carregados por Deus para atravessá-lo. Nessa mesma semana, cinco amigos de trabalho do meu esposo foram internados em estado grave, três morreram e um deles ficou mais de 90 dias entubado.

Somente pela fé em Deus conseguimos vencer aquele tempo. Quando meu esposo voltou para casa, achei que seria um recomeço. Mas 15 dias depois, outro grande amigo faleceu. O baque emocional do trauma hospitalar, em que se viveu um cenário de guerra, vendo companheiros de quarto morrendo um a um, e a perda de seu amigo desencadearam uma depressão profunda. Vi meu esposo, um homem forte, se apagar. Iniciamos uma jornada em busca de tratamentos para esse quadro.

Em maio, houve uma pequena melhora em seu estado e, nesse mesmo período, a dra. Carla, fundadora e CEO da Mark-se Gestão de Marcas, me ofereceu um cargo em sua empresa, que entraria em um processo de expansão.

Meu trabalho abria portas cada vez maiores e, em minha família, os desafios se tornavam maiores também. Sair nunca foi uma opção, desistir também não, mas levar os dois foi muito desafiador.

Precisei sim de muita força interior e um conceito que conheci anos atrás fez sentido para o momento: o antifrágil, do escritor Nassim N. Taleb; em resumo, algo frágil se quebra com facilidade; o resiliente resiste a situações adversas e permanece como está; já o antifrágil se beneficia com caos, ele cresce e se expande em meio às adversidades.

Foi um tempo de intenso sofrimento, mas diante de tanta incerteza decidi que eu não sairia dessa situação da mesma forma que entrei, sairia melhor. Sabe, têm pessoas que se tornam amargas, ressentidas diante dos sofrimentos, por isso fiz esse trato comigo mesma, independentemente do que acontecesse, sairia uma mulher melhor, mais forte e mais madura.

Essa decisão me fez entender que eu não deveria passar por tudo aquilo sozinha. Aprendi a compartilhar o fardo, pedir ajuda é libertador e o que recebemos de suporte me deu sustentação emocional e física para manter meu trabalho e conseguir avançar. Decidi não me vitimizar pelo que estava passando. Guardei meu coração, minhas emoções e me fortaleci em Deus.

A voz da sororidade

O mesmo princípio cabe para o âmbito profissional. A oportunidade surgiu num momento crítico, mas eu estava preparada. Coloque-se em movimento, promova seu desenvolvimento, porque talvez uma excelente oportunidade apareça no momento mais improvável. Tenha coragem de se lançar, coragem é a capacidade de suportar os desafios, de crescer em meio às dificuldades.

Foram nove meses desse tempo de dor, mas conseguimos encontrar um tratamento que foi revertendo o quadro depressivo. A superação da doença do meu esposo e a conciliação da carreira profissional me levaram a um crescimento pessoal exponencial. Depois de dois anos atuando na diretoria de expansão da Mark-se, me tornei uma franqueada da empresa e mudamos de cidade.

Tenha clareza do que quer, decida qual marca você quer construir. Percorrer esse caminho, firmar seu legado, exige intencionalidade e autorrespeito. É chegar ao final da vida, olhar para trás, bater no peito com o coração firme da convicção e dizer: vivi uma vida memorável!

Meu propósito de vida é ser para alguém uma marca de força e amor, ajudar mulheres a ver a beleza que há na história e na jornada delas. Podemos desenvolver as virtudes necessárias para vencer enormes desafios sem perder nossa feminilidade, como uma identidade madura e, assim, marcar a história de quem vive ao nosso redor, deixando um legado para as próximas gerações.

É ISSO, SEJA MEMORÁVEL!

13

ESCOLHAS CERTAS FORAM CAPAZES DE ME PROPORCIONAR UM NOVO DIRECIONAMENTO

A vida é baseada em escolhas, estas nos acompanham todos os dias e refletem no futuro. Quando tenho um propósito de vida, fica claro de quais valores não abro mão nas escolhas que fizer, e que pessoa me tornarei. Escolher ser o que me faz feliz, mesmo que seja uma escolha diferente da maioria e que possa ter desafios constantes, é o que me move.

ISABELA ALBUQUERQUE

Isabela Albuquerque

Desde meus 15 anos, venho desenvolvendo trabalho de liderança na propriedade, na cooperativa e na comunidade. Atualmente, tenho 29 anos, sou esposa e mãe; suinocultora e agricultora; ministra da eucaristia e catequista; coordenadora do Coopersui, membra do comitê de inovação associados e do Conselho Consultivo da Lar Cooperativa Agroindustrial; sócia-fundadora da Larcredi cooperativa de crédito; membra do Comitê Estadual de Mulheres Cooperativistas – OCEPAR; embaixadora e membra do Comitê Nacional de Mulheres Cooperativistas – OCB. Bacharel em Gestão Comercial; pós-graduada em Gestão de Recursos Humanos e Psicologia Organizacional; MBA em Gestão do Agronegócio.

Contatos
isabela_de@hotmail.com
45 99912 7753

Isabela Albuquerque

Quando tomei a decisão de me autoconhecer, enfrentar meus medos e me tornar o que me fazia feliz de verdade, foi um dos dias mais felizes da minha vida, dia em que fiz uma escolha por minha própria vontade, sem a interferência de qualquer pessoa. Nesse dia, senti-me dona de mim mesma.

Sempre fui uma menina estudiosa, criativa e tive minha opinião, porém meu medo de expressar tudo aquilo que sabia era maior. Durante 17 anos, deixei as pessoas escolherem por mim o que comer, o que vestir, onde sair para me divertir e até mesmo no que eu acreditava. Tudo isso por vergonha, medo e insegurança de ser julgada por pensar diferente, fazer diferente e me sentir diferente.

Lembro-me como se fosse hoje, eu, com meus 17 anos, terminando o ensino médio e imaginando quais caminhos teria que percorrer e comigo um medo enorme de fazer escolhas sem minhas melhores amigas ao meu lado. Tinha incertezas quanto a quais decisões tomar, as quais meus pais não poderiam tomar por mim. Foi quando recebi um convite para participar de um projeto de jovens da Cooperativa da qual eu e minha família fazemos parte. Na hora, sem pensar muito, confirmei minha presença. Dessa vez resolvi fazer diferente, decidi não criar "pré-conceitos" de como seria, de quem estaria lá, se encontraria alguém conhecido ou se ficaria sozinha.

E no dia programado, lá fui eu para a Cooperativa. Lá, vivenciei momentos maravilhosos, tive experiências e, pela primeira vez, fiz algo sozinha. Ah! Aquele dia foi muito desafiador, mas muito gratificante.

Hoje carrego comigo uma frase que ouvi em um dos muitos cursos de que participei: "Qual foi a última vez que você fez algo pela primeira vez?". Foi em um momento de empolgação que eu disse *sim* a algo que nunca imaginei fazer; e esse *sim* foi a largada para eu me tornar a pessoa que sou hoje. Até agora, preciso colocar o medo em um cantinho e me desafiar a fazer coisas novas. O medo e a insegurança continuam comigo, mas não deixo me dominarem, sou eu quem os domino.

Depois desse primeiro sim, um sim a mim mesma, um sim de estar disponível a viver apenas os momentos, de não me preocupar tanto: "Como será que vai ser?", "o que vou encontrar lá?", sempre estou disposta a aproveitar oportunidades e momentos que às vezes são únicos. Não arrumo desculpas, arrumo meios para colocar mais um compromisso na minha agenda. Estar presente, me sentir parte e contribuir com os ideais nos quais acredito é muito gratificante.

Mas não vamos ter apenas situações positivas, os problemas sempre vão existir; não importa onde você esteja e que escolha faça. Eu encaro os problemas como desafios a serem superados.

Outra escolha importante na minha vida foi quando me formei na faculdade e precisei escolher entre arrumar emprego na cidade ou iniciar o processo de sucessão com meu pai, Tadeu, na propriedade em que cultivamos grãos – soja e milho – e temos atividade de suinocultura de terminação. Escolha esta que já estava formada em meu coração, mas precisava amadurecer a ideia na minha cabeça quanto aos possíveis desafios que encontraria.

Nasci e me criei no sítio, aprendi a fazer de tudo com meu pai. Com os ensinamentos de trabalho, ele me transmitia valores que carrego comigo até hoje. Meu pai é uma pessoa muito honesta e justa em todas as suas ações. Isso é algo que me faz admirá-lo demais, não só como pai, mas como exemplo de pessoa a ser seguida. Acredito que foi pelo amor com que me ensinava que eu tive a certeza de que queria ser uma pessoa muito semelhante a ele, tanto nas atitudes quanto na profissão. O orgulho que ele tinha em contar sua história, suas conquistas, me fazia admirá-lo cada vez mais, e sempre com um sorriso no rosto.

Mesmo sabendo dos desafios que encontraria escolhendo uma profissão quase 100% liderada por homens, trabalhando no sol e na chuva, utilizando maquinários pesados e, algumas vezes, precisando da força braçal, eu tinha certeza de que estava fazendo a escolha certa, sendo a terceira geração de agricultores/suinocultores naquela mesma propriedade que seu Raimundo, meu avô, conquistou com muito esforço. E outra certeza era que meu pai sempre estaria ao meu lado, me apoiando e me incentivando a conquistar mais.

Escolha esta que marcou o início de mais uma decisão impactante na minha vida. Sentia-me muito feliz e realizada por essa escolha, apesar dos desafios que eram frequentes no meu dia a dia. Inúmeras vezes as pessoas ficavam admiradas, não sei se de maneira positiva ou negativa, mas notava na expressão o espanto de ver uma jovem mulher dirigindo maquinários agrícolas, trabalhando com suínos, administrando propriedade, estando à frente de negociações e ainda tendo argumentos para conversar sobre vários assuntos.

Uma vez estava dirigindo o trator e um homem parou para tirar uma foto porque, segundo ele, nunca tinha visto uma mulher na direção. Outra vez não acreditaram quando eu disse que trabalhava com suínos, porque era uma mulher arrumada e não exalava cheiro de suíno. Uma vez, um vendedor não quis entregar um orçamento para mim, queria entregar apenas para meu pai, sendo que quem compraria seria eu e não meu pai. Essas e tantas outras situações se tornaram recorrentes no meu dia a dia e eu podia pensar em desistir, porque isso não era para mim, ou ainda sentir vergonha porque estava fazendo algo diferente da maioria; pelo contrário, isso me motivava cada vez mais a continuar, por ser o que eu gosto, me fortalecendo cada dia mais. Ao ser notada, mesmo que pela indignação, eu estava sendo vista e poderia ser mais uma entre tantas mulheres que querem apenas fazer aquilo que lhe faz felizes e mostrar para a sociedade que, quando se quer, se consegue.

Determinação foi o que me definia nessa fase. Ter plena certeza do que eu queria no momento e a convicção de que ninguém seria capaz de me parar, que minhas conquistas estavam apenas no começo. Conforme o processo de sucessão foi acontecendo, eu e meu pai fomos investindo em tecnologias e automatizando os processos. Os desafios continuam, porém agora as pessoas estão se acostumando a me ver na propriedade trabalhando, dirigindo maquinários e estando à frente das negociações.

Outro ponto que me ajudou a ser vista de modo mais natural na profissão que escolhi foi pelas lideranças que conquistei. Quando falo que gosto de desafios, falo com muita seriedade, não foi apenas na propriedade que eu os enfrentei. Minha família tem histórico de liderança na comunidade e no cooperativismo. E dentro de algumas oportunidades, descobri o instinto de líder que havia adormecido dentro de mim. Após muitos cursos e treinamentos, começou a despertar o desejo de me tornar líder e ser notada por outro aspecto. Quando se fala em liderança, não me refiro a apenas querer ser líder, mas se tonar uma líder. Prepare-se, estudar e ser mencionada pelas pessoas para representá-las. Quando alguém me falava que eu seria a líder certa para representá-los, um frio na barriga tomava conta de mim e o medo aparecia. Eu ainda não tinha certeza de que daria conta, mas aceitei o desafio e essa atitude foi o início de inúmeros "sins" que eu disse para as lideranças pelas quais fui convidada a assumir.

É muito gratificante ser reconhecida como uma líder. Acredito que os valores que meus avós e meus pais me transmitiram fizeram toda a diferença. Liderar sem jamais perder a essência e os valores em que se acredita ajuda a buscar sempre a melhor escolha. Quantas vezes tive incerteza de como e o que fazer; buscava sempre conversar com meu pai: "E agora? Aceito? Como que eu faço? E se fosse você, o que faria?". Meu pai, com toda a sua sabedoria, sempre me devolvia com outra pergunta: "Isso faz sentido para você? Vai te fazer feliz? É justa sua escolha?". Se a resposta fosse positiva, ele era o primeiro a me apoiar. Como sempre tive que conciliar o trabalho na propriedade com o de liderança voluntária, era ele que ficava trabalhando no meu lugar; quando meu pai precisava sair, eu que ficava no lugar dele. Sempre tivemos uma parceria muito grande de trabalho e sucessão.

Esse processo de liderança teve o despertar dentro do cooperativismo em que tive oportunidade de me desenvolver e ir conquistando cada vez mais espaço. A pessoa que me tornei hoje foi graças aos valores que meus pais me transmitiram e outra parte que aprendi e vivenciei dentro do cooperativismo. O cooperativismo, para mim, é uma filosofia de vida. Reconhecer quais são meus pontos fracos para melhorar e quais são meus pontos fortes para explorá-los um pouco mais foi essencial durante esse processo. Quando me permiti viver de maneira intensa, ter meus próprios sonhos e fazer as escolhas que faziam mais sentido para mim, comecei a colecionar momentos felizes.

Quanto mais me dedicava e exercia liderança, mais feliz eu ficava e era bem-vista pelas pessoas dentro da minha profissão. Jamais pensei em *status*, tudo o que eu fazia era feito de coração.

A voz da sororidade

Hoje, cheguei a um momento em que sou reconhecida pelo trabalho de liderança na minha comunidade, na cidade, no estado e no país. Quando disse meu primeiro sim, jamais imaginei chegar aonde cheguei hoje. Sou grata pelo Jaffer, jovem que pegou sua moto e foi lá em casa me convidar para participar do trabalho de jovens da Cooperativa; para ele pode ter sido apenas mais uma jovem a receber o convite, mas para mim foi o convite que iniciou a mudança em minha vida.

A convicção de inspirar outras pessoas a seguir seus sonhos, a ter os próprios pensamentos e, principalmente, em falar que é feliz porque encontrou aquilo que ela nasceu para fazer, não tem preço. E saber que já tive meu primeiro retorno, assim como Jaffer, eu também fui coordenadora e convidei muitos jovens para participar. Uma vez um menino olhou para mim, muito feliz, e disse que ele estava na liderança porque eu tinha feito o convite para ele. Quantas pessoas podemos influenciar, motivar e convidar para aproveitar as oportunidades e serem elas mesmas.

Deus sempre está presente nos meus valores, sou liderança da igreja também. E sempre agradeço por tudo o que acontece na minha vida. Escolhas fazem parte constante do meu dia, mas as escolhas baseadas nos valores que considero primordiais – Deus, família, cooperativismo – me tornaram a pessoa que sou hoje; a certeza de que fiz as escolhas certas.

Quando me conheci e passei ser a protagonista da minha história, achava que estava feliz por completo, mas Deus é tão bom que fez meu caminho e de um moço chamado Maurício se cruzarem e hoje sou casada com ele. Ele é tão parceiro quanto meu pai, me apoia em tudo o que é importante para mim. Gosto de lembrar sempre que as pessoas que permaneceram ao meu redor não são pessoas que apenas me toleram ou ficam indiferentes, mas pessoas que apoiam meus sonhos e ficam mais felizes que eu mesma quando conquisto algo novo; nunca ouvi delas que, por ser uma mulher, não poderia. Tive pessoas maravilhosas que me fizeram acreditar no meu potencial em buscar o que fazia meu coração bater mais forte, não deixando que o julgamento da sociedade interferisse na minha busca e no meu propósito. Hoje estou formando uma nova família, quero transmitir ao meu filho Matias os mesmos valores que aprendi com meus pais, dar liberdade e incentivá-lo a ir em busca de seus propósitos.

As escolhas que fiz sempre tiveram dois lados: dos desafios e da alegria. Os desafios fizeram parte para que os momentos de alegria se tornassem mais intensos ainda. Nunca desisti de um sonho, sempre estudei, criei oportunidades, não tive pressa e esperei. Eles aconteceram e passaram a ser combustível para outros maiores ainda.

Eu só fui eu mesma quando me permiti mudar de direção.

14

PERSEVERANÇA É O CAMINHO

Neste capítulo, você caminhará pela minha vida, recheada de altos e baixos, baseada em valores, como: perseverança, força, família e fé. Apesar de enfrentar diversos desafios nesta jornada, assumir o papel de vítima nunca foi cogitado. Enfrentei situações com coragem e determinação que me fizeram chegar aonde estou hoje e conquistar o reconhecimento merecido, sabendo que o caminho se torna mais leve quando unimos forças.

JOSEANE CONRADO DOS SANTOS

Joseane Conrado dos Santos

Empresária e corretora/avaliadora de imóveis. Sócia-proprietária da empresa CobraCash Recuperação de Crédito e Telemarketing. Formou-se em Gestão Financeira, pela Univel, e Corretora de Imóveis, pela IBREP. Mais de 13 anos de experiência na área de recuperação de crédito extrajudicial em todo território nacional. Administra, hoje, mais de 80 imóveis na cidade de Cascavel. Atualmente, é coordenadora do Núcleo ACIC Mulher, o maior núcleo do programa empreender dentro da associação comercial e industrial de Cascavel, que trabalha em prol do fortalecimento do empreendedorismo feminino.

Contatos
www.cobracash.com.br
www.imoveisjc.com
Joseane@cobracash.com.br
45 99813 8397

Joseane Conrado dos Santos

Desejo que você que conhecerá minha história possa concluí-la com o melhor sentimento possível de alegria, de vitória, de resiliência, de superação e que, em nenhum momento, tenha sentimento como pena ou compaixão, porque a primeira coisa que eu gostaria que todos soubessem é que sou muito feliz e muito grata por tudo o que vivi; e todas as fases da minha vida contribuíram para me tornar a mulher que sou hoje.

Muito prazer, eu sou a Joseane Conrado, nascida em Cascavel, no ano de 1993, filha de Aparecido Conrado dos Santos, analfabeto, servente de pedreiro, e de Maria de Fatima Gabriel dos Santos, empregada doméstica, dos quais me orgulho muito, e a eles dedico tudo o que sou hoje. Foi com eles que aprendi o significado de perseverança, honestidade, união e fé. Sou a filha "do meio" criada com dois irmãos, sempre fui muito moleca, nunca soube separar brincadeiras de meninas ou de meninos, porque vivenciei todas elas; é gratificante saber que trago comigo até hoje amizades que fiz desde aquela época. Nunca fui das mais bonitas, magras e bem vestidas; e isso me custou muitos apelidos na época da escola, mas posso garantir que era uma das mais engraçadas e de personalidade muito forte. Houve um episódio na escola em que fui ridicularizada na frente de muitos colegas e ali tomei a primeira decisão de como agiria diante de situações como aquela: eu podia correr para a diretoria chorando e contando o que havia acontecido, ou podia eu mesma enfrentar aquilo e dar uma basta. Minha sorte foi que escolhi a segunda opção. A atitude que tomei naquele instante fez com que toda a escola me respeitasse pelo resto do meu período escolar.

Mas essa é a parte feliz da minha infância. Em 1998, meu pai foi diagnosticado com depressão e esquizofrenia, devido a um estado emocional muito forte que teve ao sofrer injúria racial. Naquele instante despertava uma adulta em uma menina de cinco anos. No começo, eu não entendia por que meu pai, que sempre foi o provedor da família, não trabalhava mais, por que ele bebia tanto, por que ele chorava tanto, por que tantos remédios, médicos, internamentos e nada resolvia. Aos poucos, fui aprendendo que com a mesma corda que eu pulava, meu pai podia se enforcar, a mesma faca que cortava nossos alimentos também cortava meu pai.

Foram diversas tentativas de suicídio, tratamentos de choque, psiquiatras, era uma doença relativamente nova na época; não tínhamos muitas informações nem condições financeiras. Então, foram dez longos anos de muita luta. Confesso que essas lembranças ruins me assombram até hoje. Mas gostaria de compartilhar o que tiramos de bom de tudo isso. Foi por meio desse episódio que descobrimos a força e a união da nossa família. Sem alternativas, minha mãe saiu para o mercado de trabalho; eu e meus irmãos, desde muito cedo, criamos responsabilidades sobre os serviços da casa, cuidar um dos outros e, principalmente, do meu pai. Mas a maior lição que tiramos de tudo isso foi o fortalecimento da nossa fé.

Um dos acontecimentos mais marcantes foi quando meu pai ficou desaparecido por três dias. Quando não tinha mais onde procurar, ainda muito nova, ajoelhei-me em meu quarto e rezei assim: "Senhor, traga meu pai de volta, do jeito que ele estiver, porque eu o amo muito!". E Deus trouxe. Eu não acreditava que ele tinha voltado por causa da minha oração. Porém, depois de muitos anos, quando meu pai já estava recuperado, recebemos a visita de um amigo. Meu pai contou sobre tudo o que havia passado enquanto estava doente e que, devido à esquizofrenia, ele ouvia vozes que o incentivavam a se matar e fazer coisas horríveis com ele e a família. Então, comentou que naquele dia do sumiço de três dias ouviu uma voz boa, a voz da filha dele, dizendo: "Pai, volta para casa, do jeito que você estiver, porque eu te amo muito". Naquele instante, sabendo que eu nunca tinha contado aquela oração para ninguém, saber que meu pai tinha ouvido meu chamado, me fez ter certeza de que Deus estava cuidando de tudo e que Ele ouvia minhas orações. **A partir de então, nunca mais deixei de acreditar nos planos d'Ele para minha vida.**

Até porque, se não foi Deus, eu não saberia dizer o que manteve meu pai vivo e seus filhos no caminho do bem. Quando adolescente, com meu pai doente e sem muita supervisão da minha mãe, experimentei tudo o que a rua me oferecia. Tive acesso a drogas, bebidas, festas, amizades erradas, e tomei muitas atitudes que poderiam comprometer minha vida para sempre. Porém, alguém lá em cima tinha planos melhores para mim.

Por necessidades financeiras e como uma forma de fugir do que a rua me oferecia, comecei a trabalhar com 14 anos como telefonista em um escritório de contabilidade, e lá tive o primeiro acesso aos desafios que sofreria como mulher no mercado de trabalho. Sofri todos os assédios que você possa imaginar, sendo eles moral, sexual e racial. Todos os dias caminhava 3 km de volta para casa chorando e me perguntando se era normal vivenciar aquilo. Oito meses depois de ser demitida por justa causa por uma acusação falsa de roubo, sentei no meio fio de um posto de gasolina, sob um sol intenso, e chorei por cinco horas sem parar; levantei de lá com uma certeza: **eu nunca mais permitiria que isso acontecesse comigo.**

A voz da sororidade

Meu próximo emprego foi como vendedora da GVT, que foi responsável pelo pagamento do meu primeiro ano da Faculdade de Gestão Financeira, faculdade que trouxe muito orgulho para toda a família, principalmente para meu avô, que teve o prazer de ver pelo menos uma de suas netas se formar antes de falecer. Esse trabalho foi uma escola sobre vendas e comunicação. Foi meu primeiro contato com o telemarketing, sem contar as experiências que tive com as ações presenciais oferecendo linhas telefônicas e internet de porta em porta. Confesso que foi desafiador, porém me abriu muitas portas.

Uma dessas portas foi ser admitida em um escritório de advocacia que prestava serviços para o Banco Santander. Fui contratada como operadora de cobrança. Foi quando tudo começou a mudar, finalmente tinha encontrado um lugar para trabalhar onde conseguia colocar em prática meus talentos, onde era reconhecida e valorizada como profissional. Na época, meus chefes enxergavam em mim um potencial que nem eu sabia que tinha. Era uma oportunidade única que estava tendo, então agarrei com todas as minhas forças e me dediquei muito para fazer dar certo. Foi quando de uma simples cobradora me vi viajando o país representando um dos maiores bancos do mundo, e já coordenava uma equipe com mais de dez pessoas; detalhe, isso com 19 anos.

Assumir muitas responsabilidades com essa idade e sendo mulher também não foi fácil. Colegas de trabalho que não tinham o mesmo reconhecimento e visibilidade desconfiavam do meu mérito. Liderar pessoas mais velhas também era desafiador; o único sentimento que eu tinha em mente era fazer meu melhor, sem prejudicar ninguém e poder de alguma forma retribuir em resultados a oportunidade que haviam me oferecido.

Tudo para mim era muito novo, porém sempre fui a pessoa que respondia *sim* e depois pensava em como fazer. Quando fui convidada, pela primeira vez para viajar representando o escritório, descobri que seria de avião. Fiquei deslumbrada, era algo muito longe da minha realidade, foi um misto de felicidade com muito medo. Não sabia o que encontraria nem como daria conta de tudo, mas estava disposta a arriscar.

Era um segmento predominado por homens; a maioria advogados e com mais de 40 anos. Foi difícil para eles entenderem o que uma menina de 20 anos, que não era advogada, fazia naquele lugar. Logo vieram as perguntas como: "Você é esposa do dono? Filha do dono? Estagiária? Onde está o dono?". Incansavelmente, eu respondia que estava ali como representante do escritório. Por diversos eventos, ninguém nem sabia meu nome, porém eu tinha um apelido entre eles, o "brotinho de Cascavel".

Eu tentava não ligar para os comentários maldosos e focava no meu trabalho, porque tinha convicção da minha competência em estar ali e do potencial da minha equipe, que coordenava de longe. Consegui fazer que todos conhecessem meu nome e me respeitassem como profissional em um evento em Florianópolis, quando conquistamos o 2º Lugar do Ranking de Recuperação de Crédito. Conseguir essa colocação competindo com outros 51 escritórios do Brasil inteiro era digno de muita competência e respeito, independentemente de quem estava à frente. Nesse dia, porém, todos viram que era possível sim uma mulher jovem ser destaque.

Foram anos de muitas conquistas e vitórias. Conclui minha faculdade, comprei meu carro próprio, conheci muitos lugares e aprendi com muitas pessoas, me descobri como líder. Durante muito tempo, fui o apoio financeiro de que minha família precisava. Até que veio a notícia do descredenciamento do escritório por questões territoriais.

Eu estava tão segura com minha carteira assinada, com um bom salário que nunca havia cogitado a possibilidade de empreender. Com a notícia do descredenciamento, fiquei perdida até ser convidada por meus chefes, que hoje são meus sócios, a abrir uma empresa, a Cobracash Recuperação de Crédito e Telemarketing.

Assim como a maioria das pessoas que abrem o próprio negócio, tive muito medo, principalmente por questões financeiras. Eu não tinha condições de me manter e manter minha família sem uma renda fixa. Nesse momento, tive muito apoio de meus sócios, que sempre acreditaram em mim, no meu potencial e na minha vontade de vencer na vida. Foi quando unimos forças para começar de novo.

Hoje a CobraCash atende mais de 100 clientes em todo o Brasil, mais de 300 clientes já tiveram suas carteiras de inadimplentes sendo cobradas pela nossa equipe. Aos poucos, fui aprendendo todos os desafios de uma empreendedora, tive que aprender sobre administração, investimentos, marketing, impostos, como fidelizar os clientes, e tenho muito orgulho em dizer que esse número de clientes foi atingido pelas indicações. A cada cliente que atendo e escuto que chegou até nós por indicação, me traz o sentimento de que tudo realmente vale a pena.

A cobrança nos abriu muitas portas, como as vendas pelo telemarketing e pela administração de condomínios. Com anos de dedicação aos imóveis, senti a necessidade de expandir os negócios. E como sempre tive afinidade com vendas, me formei no curso de corretora de imóveis. Hoje temos mais de 80 imóveis alugados na cidade de Cascavel e várias vendas concretizadas.

Intermediar sonhos, como a aquisição da casa própria, é uma responsabilidade muito grande, porém muito satisfatória. Venho me dedicando cada dia mais para continuar desempenhando meu trabalho com honestidade e eficiência, garantindo, assim, a satisfação de meus clientes.

Hoje, o quadro de funcionários da CobraCash é praticamente 100% composto por mulheres. Uma das minhas maiores satisfações é empregar pessoas e dar a elas a oportunidade de desempenhar suas funções e levar o sustento para sua família. O caminho percorrido como empreendedora é desafiador e demanda muita resiliência, por isso acredito muito na força da união.

Sempre procurei me envolver em ações de networking e compartilhamento de conhecimento e experiências. Fazer isso entre mulheres, então, é especial. Foi quando conheci o Núcleo ACIC Mulher, um grupo de mulheres empresárias dentro da Associação Comercial e Industrial de Cascavel, que trabalha em prol do fortalecimento do empreendedorismo feminino. De cara, me encantei com o propósito do núcleo e, como uma mulher intensa, me envolvi inteiramente. Hoje estou como coordenadora do núcleo, o que me enche de orgulho. Estar à frente de mais de 100 mulheres empresárias com um propósito tão forte e significativo é gratificante.

Espero contribuir com a sociedade e, principalmente, com as mulheres. Confesso que quando precisei superar tudo sozinha foi muito difícil. Se de alguma forma eu amenizar isso em outras vidas, já terei feito a diferença por aqui. Isso é sororidade.

Desde a minha primeira situação vexatória, nunca me coloquei no lugar de vítima. Acredito que tudo é possível, desde que você esteja disposta a enfrentar, superar e comprovar que pode. Sigo empregando pessoas, dando meu melhor em tudo o que faço e me colocando à disposição para servir sempre.

Fazendo uma retrospectiva da minha vida, acredito que nem eu nem minha família e amigos acreditavam que me tornaria a mulher que sou hoje. Diante das condições que tínhamos, se tomarmos como base os números, eu sou uma exceção. Ver o brilho nos olhos de meus familiares com cada conquista minha, ser motivo de orgulho para eles, não tem preço. E tudo isso é só o começo, tenho muitos planos pessoais, profissionais que não medirei esforços para alcançá-los.

Hoje, com 30 anos, casada e com projetos de filhos em breve, sigo grata pela mulher, esposa, filha, amiga e empresária que me tornei. Tenho convicção de que sempre fui muito amparada por Deus, porque em muitos momentos me faltou o chão, mas nunca o céu. Sou grata a todos aqueles que fazem parte da minha vida, a tudo que já passei e tudo o que Deus tem preparado para o meu futuro. Sigo em busca dos meus objetivos tendo sempre família e amigos como prioridades em minha vida.

> *Lembre-se sempre:* "*Não somos aquilo que fizeram de nós, mas o que fazemos com o que fizeram de nós.*"
> JEAN-PAUL SARTRE

15

O FUTURO SE CONSTRÓI AGORA
TODA MULHER PODE ESCREVER A PRÓPRIA HISTÓRIA

Compartilho, aqui, registros da minha jornada como mulher que superou adversidades, encontrou em outras mulheres apoio; na educação, no trabalho e no empreendedorismo, pilares para a construção do próprio futuro e, em Deus, o alicerce para a vida. É o testemunho da fé e da perseverança que moldam a mulher que escolho me tornar a cada dia, e da certeza de que o futuro é uma página em branco a ser escrita agora.

KELY FREITAS

Kely Freitas

Economista graduada pela UFMT (2014). Pós-graduada em Gestão Empresarial pela FGV (2020). Certificada em Metodologia e Desenho Instrucional 6Ds. Formação em Mentoria pela Escola de Mentores (2019). Formação em Mentoria Organizacional pela SBDC (2019). Formação em *Coaching* Profissional pela SLAC Coaching (2019). Formação em Desenvolvimento dos Grupos pela Sociedade Brasileira de Grupos (SBDG) – em andamento, conclusão em 2024. Pós-graduação em Gestão de Cooperativas – em andamento, conclusão em 2024. Pós-graduação em *Marketing* e *Branding* e *Growth* – em andamento, conclusão em 2024. Dezessete anos de experiência no mercado financeiro, com ampla *expertise* nos segmentos empresarial, de crédito, de gestão comercial e de desenvolvimento de negócios. Resultados comprovados em desenvolvimento e implantação de negócios, produtos, segmentação e estratégias comerciais. Mentoria para profissionais em diversos cargos, como gestores de agência, consultores e especialistas. Empreendedora há quatro anos.

Contatos
www.kelyfreitas.com
atendimento@kelyfreitas.com
Instagram: @kelyfreitas
66 99619-9896

Kely Freitas

> *Pai para os órfãos e defensor das viúvas é Deus em sua santa habitação. Deus dá um lar aos solitários, liberta os presos para a prosperidade, mas os rebeldes vivem em terra árida.*
> Salmos 68: 5-6

Não é novidade que a vida para nós, mulheres, tende a ser uma jornada de desafios e superações, e a minha trajetória não foi exceção. Desde a infância aos meus recém-completados 40 anos, cada etapa foi marcada por desafios que me levaram ao aprendizado, crescimento e desenvolvimento em diversos aspectos, inclusive à consciência da sororidade que permeia a minha caminhada.

A neta da dona Izalvira: raízes da resiliência e determinação

É dessa forma que ainda sou reconhecida na cidade em que nasci no interior de Minas Gerais, de onde saí há mais de 20 anos. A minha mãe faleceu muito cedo, por volta dos 27 anos; eu era apenas um bebê de dez meses e meu pai, um jovem viúvo sem saber o que fazer diante da situação. Minha avó materna, dona Izalvira, foi quem assumiu a responsabilidade pela minha criação, especialmente após meu pai constituir uma nova família.

Minha avó era uma mulher incrivelmente forte e batalhadora, com a remuneração de lavadeira de roupas e, mais tarde, com aposentadoria de um salário-mínimo, fazia milagres para manter o sustento da casa. Nunca passamos fome, mas havia muitas restrições, como você pode imaginar; comprar pão amanhecido, por exemplo, era um luxo do qual podíamos desfrutar algumas vezes no mês e a conta na mercearia do bairro era paga sempre com dois meses de atraso.

Apesar de todas as limitações, ela não media esforços para que eu estudasse, mesmo que ela própria não tivesse tido essa oportunidade. E isso me marcou profundamente; conhecimento é um dos valores que tenho e que estabelecemos para nossa família. Minha avó sabia que estudar era o caminho para que eu pudesse romper as barreiras estruturais que se apresentavam (sociais, financeiras e psicológicas) e construir um futuro diferente daquele que parecia estar sacramentado para mim. Com a minha avó, eu também aprendi sobre generosidade e acolhimento, nossa casa simples e pequena estava sempre cheia. Faltava muita coisa; entretanto, amor e generosidade eram abundantes.

Além do português e da matemática, ampliar possibilidades, gerar sonhos e impactar destinos

Sim, eu sempre fui muito questionadora e muito observadora. Confesso que não sei explicar de onde vem esse hábito, ou quando começou. Me recordo desde muito cedo buscando referências e exemplos de sucesso em determinados aspectos ou atividades pelos quais me interessava e, por algum motivo, na maioria das vezes, eu conseguia acessar essas pessoas, atrair a atenção e que elas partilhassem comigo valiosas lições. A partir dessas partilhas, sonhos eram gerados em mim; o impossível aos poucos ia tornando-se difícil, porém alcançável.

Os exemplos mais marcantes que tenho ainda na infância e na adolescência foram as professoras, muitas delas estavam realmente preocupadas com nosso futuro e em como poderiam contribuir; me lembro delas tirando tempo para conversar conosco após a conclusão dos conteúdos formais, nos aconselhando, apontando possibilidades e oportunidades que poderiam ser construídas com empenho e escolhas acertadas. Nenhuma delas dizia que seria fácil, diziam que era possível e isso já significava muito. Hoje percebo claramente o impacto dessas conversas nas minhas escolhas, inclusive no quanto eu gosto de ensinar. A pergunta já não era mais se eu conseguiria, e sim o que era necessário para conseguir, como poderia construir esse futuro tão desejado.

Coragem para mudar: cura, referências e novos começos

Aos 17 anos, minha vida mudou radicalmente; a menina tímida do interior veio morar em uma capital. Eu queria muito fazer faculdade; na minha cidade não havia faculdade pública, a mais próxima ficava a aproximadamente 250 km e minha família não tinha condições de me manter lá, mesmo que só no início, até arrumar um trabalho. Foi então que a minha tia paterna me fez a seguinte proposta: morar com ela em Cuiabá e ajudar a cuidar dos afazeres da casa e das crianças, assim eu poderia estudar e ela também voltaria a estudar, que era um grande desejo.

Começava aí um processo de cura das feridas causadas pela rejeição, palavras de depreciação, rótulos e sentenças ruins recebidas. Convite aceito, com esforço, conciliando trabalho e estudos, no início em casa e mais tarde fora, concluí a faculdade de economia na Universidade Federal do Mato Grosso. Viver com meus tios construiu referência sobre a dinâmica de um lar estruturado e me permitiu acreditar que eu também poderia construir o meu. Acredito que o lar que tenho hoje começou a ser gerado ali. Essa experiência foi necessária para que, com meu esposo, pudéssemos construir um lar harmonioso e abençoado para nossos filhos. Se você não veio de uma família estruturada e curada, acredite, essa família pode vir de você, que pode quebrar padrões e escrever sua história. O futuro é construído agora.

É preciso plantar e estar preparada para a colheita

Um dos empregos que tive em Cuiabá foi em uma loja de aluguel de trajes para casamentos e festas, para minha surpresa. Eu que nunca me identifiquei com trabalhos manuais, levei um dia para aprender a fazer a famosa correntinha do crochê e me sentia incompetente, porque na infância todas as meninas do bairro aprenderam a fazer algo e eu nada; naquele trabalho aprendi até a bordar vestidos de noiva com pedrarias. É claro que não foi fácil e, de longe, eu era a mais lenta. Por sorte, a habilidade com as vendas compensava a falta de habilidade nos trabalhos manuais e manteve o emprego.

Essa loja ficava em frente a uma Instituição Financeira cooperativa por meio da qual, mais tarde, tive a oportunidade de iniciar minha carreira no mercado financeiro. Eu chegava pela manhã para trabalhar no mesmo horário que as funcionárias dessa cooperativa, ficava observando o movimento delas e dizia comigo: eu vou trabalhar aí. Quando as funcionárias visitavam a loja e havia oportunidade, perguntava sobre a organização, queria entender mais a respeito. Naquela época, as informações na internet não eram tão abundantes e eu tratei de fazer a minha pesquisa *on* e *off*; decidi que, quando a oportunidade chegasse, eu estaria preparada.

A partir do segundo ano da faculdade, fui indicada pelo Centro de Integração de Empresa e Escola (CIEE) para um processo seletivo de estágio. Nessa época eu já trabalhava como vendedora em uma loja de brinquedos em um shopping center. Qual foi a minha surpresa ao descobrir que a vaga era para a

Instituição Financeira Cooperativa, na qual, três anos antes, eu havia declarado que trabalharia. Quarenta profissionais participaram do processo para três vagas, era o começo da minha carreira bem-sucedida no mercado financeiro. Trabalhar no mercado financeiro se tornou minha grande paixão, me permitiu desenvolver, prosperar e ajudar a minha família, proporcionando melhores condições de vida, especialmente à minha avó, o que eu fiz desde meu primeiro salário.

Mentorear e ser mentoreada: mulheres desenvolvendo mulheres

Nos 14 anos em que estive no mercado financeiro pela CLT, passei por três instituições financeiras e obtive um crescimento significativo na carreira. Alguns dos fatores aos quais atribuo esse crescimento:

- Ser ensinável e treinável.
- Capacidade de estruturação e planejamento.
- Olhar aguçado para oportunidades.
- Obcecada por execução e resultados.
- Olhar atento a expertises e referências.

Ao procurar essas referências, encontrei mulheres extremamente competentes e generosas que aceitaram contribuir com meu desenvolvimento profissional e pessoal. Eu atuo com mentoria formalmente há quatro anos e conheço bem o poder desse processo para acelerar o desenvolvimento e os resultados. Essas mulheres às quais eu sou tão grata e me inspiraram tinham algumas características em comum:

- Enxergaram meu potencial, algumas delas até além do que eu era capaz de enxergar naquele momento.
- Não me julgaram ou me limitaram pela bagagem que eu trazia ou pela falta dela; todas nós temos pontos de partida diferentes, desconhecemos os motivos pelos quais as

pessoas agem de determinado modo e, por vezes, julgamos sem entender quais foram suas referências e em que ambientes tiveram que se desenvolver ou sobreviver.
- Estavam dispostas a investir parte de seu tempo e energia em meu processo de maturidade. Desenvolver pessoas é um trabalho árduo, elas fizeram essa escolha e eu sou grata por isso.
- Não tiveram medo de compartilhar conhecimento. Ao contrário, de maneira generosa, compartilharam o que sabiam. Optaram pela abundância em que, quanto mais eu compartilho, mais valor eu gero para todos, em vez da escassez em que é preciso reter, pois se compartilhar poderá perder.

Inclusive o convite e a oportunidade de participar deste livro vieram por intermédio de uma dessas mulheres. Conheci a Jaqueline Metzner em 2006 e fiquei encantada, como poderia uma mulher ser tão inteligente, determinada, corajosa e ao mesmo tempo tão simples e generosa. Eu disse: um dia vou ser como ela. Quase 20 anos depois, continuo olhando para ela com a mesma admiração, que sorte a minha em tê-la por perto.

Transição de carreira: reorganizando as prioridades

Em 2019, motivada por uma decisão familiar e com o objetivo de reorganizar as prioridades a partir dos valores que nos norteiam, decidi tirar o sonho do papel, fazendo minha transição da CLT para empreendedora. Minha trajetória no mercado financeiro e cooperativismo me permitiu continuar exercendo minha paixão em um novo formato; havia chegado a hora de iniciar meu negócio.

Um fator fundamental nesse momento foi o apoio de meu esposo, em todos os aspectos, como a manutenção financeira da família e o cuidado com as crianças para que pudesse me dedicar ao novo empreendimento. Nossa família é a nossa equipe principal. Se essa equipe não estiver bem, dificilmente o resto irá bem. Cuide da sua equipe.

Para a transição, contei com o auxílio de três mentoras a fim de estruturar os fundamentos do negócio e tomar decisões cruciais como posicionamento, marca, portfólio e precificação. Em 31 de junho de 2019, nascia a empresa Kely Freitas – Desenvolvimento de Pessoas e Negócios.

O que eu não poderia prever era a chegada da Covid-19, poucos meses depois, com todas as implicações já conhecidas. Rapidamente, precisei adaptar meu portfólio, conteúdo e abordagem de presencial para digital, tudo em menos de dois meses. Apesar dos obstáculos, alcançamos nossa meta de faturamento naquele ano.

No ano seguinte, com o aumento de contratos em andamento, realizei a primeira contratação e fui surpreendida pela gravidez do meu segundo filho. Após alinhamentos com os clientes, conseguimos cumprir nossos compromissos, inclusive dobrando o faturamento em relação ao ano anterior. Em setembro, nasceu o Rafinha. Após uma pausa de 30 dias, retomei o trabalho, conciliando aulas, reuniões, amamentação e cuidados com o bebê.

Em 2022, estabelecemos parcerias, o que aumentou nossa capacidade de atendimento, portfólio e, consequentemente, faturamento. Com isso, surgiu a necessidade de sair do escritório improvisado no quarto de casa para um espaço próprio.

Em junho de 2023, completamos quatro anos, e nossa atenção está voltada à estruturação. Estamos organizando processos, trabalhando na nova marca e preparando-nos para crescer, mantendo a qualidade das entregas e a proximidade com o cliente, nosso diferencial. Seguiremos impactando o desenvolvimento de pessoas e negócios com nossas soluções.

Deus.
Família.
Conhecimento.
Trabalho.
Exatamente nessa ordem.
O futuro? Deus também está lá.

16

CAMINHOS DE SUPERAÇÃO
A HISTÓRIA INSPIRADORA DE LUCIANA BRAGA

Este capítulo narra a jornada de Luciana Amador Manrique Braga. Sua vida inicia em 28 de janeiro de 1972, em Tupi Paulista, São Paulo, com a expectativa de uma família feliz. Em sua história, Luciana explora sua busca por propósito e esperança, destacando, em sua narrativa, as forças do amor e da fé como guias transformadores diante do sofrimento, desencadeando uma jornada de propósito em busca do verdadeiro significado da fé, do amor e da missão de vida.

LUCIANA BRAGA

Luciana Braga

Diretora e idealizadora da ONG Latidos do Bem, designer de interiores, cofundadora da Vila do Bem, apaixonada e ativista da causa animal.

Contatos
lucianabraga660@gmail.com
Facebook: latidosdobem
Instagram: @latidosdobem
45 99900 6539

Luciana Braga

Quando mergulho nas páginas da minha própria história, é impossível não refletir sobre os elementos que moldaram essa jornada. Acredito que a missão é tudo o que queima meu coração, mesmo que esse fogo me consuma com sofrimento e dor, eu continuo em movimento, pois o que me move é o amor, que pode ser volátil, adormecer, se calar e até mesmo se transformar em ódio. O que sustenta e nos mantém firmes quando tudo parece desmoronar é a fé.

No dia 28 de janeiro de 1972, em Tupi Paulista, no interior de São Paulo, eu chegava ao mundo como um capítulo em branco, de vestido e laço, uma boneca para meu pai e uma mulher no mundo para a minha mãe. Fui esperada, até o momento em que fui rejeitada. Minha mãe, ao saber que eu era uma menina, ficou profundamente entristecida e proferiu palavras que ecoaram. "Eu preferia que não tivesse nascido". Carreguei essa rejeição por anos, como uma cicatriz invisível no coração. Éramos uma família linda, que tinha tudo para dar certo. Meu pai, Clóvis; minha mãe, Cleide; e meu irmão, que carinhosamente chamávamos de Clovinho. E eu, a Luciana. A rejeição se transformou em uma sombra que me acompanhou por grande parte da vida e era apenas o início da minha jornada, que me levaria a descobrir o verdadeiro significado da fé, do amor e da minha missão neste mundo.

Raízes da rejeição

Eu gostaria de ter outras recordações e não as que ficaram. Minha infância foi marcada por conflitos, na qual as brigas e vários tipos de agressões eram constantes em nosso lar. Meu pai, a quem considerava um pai exemplar, era um marido controlador. Minha mãe, uma alma sonhadora, apaixonada pela educação. Entretanto, nasceu em uma época em que as mulheres eram boicotadas. Meu pai tentava impedi-la de seguir sua vocação e sabotava suas tentativas. Por outro lado, ele era meu herói, me carregava nos braços como se eu fosse um tesouro, uma boneca preciosa. Brincava comigo, era carinhoso e me tratava com imenso amor. Minha infância foi marcada pelo contato constante com a natureza, árvores frutíferas, plantas e muito amor e respeito pelos animais.

Eu era apenas uma criança inocente, vítima de um crime que trouxe marcas psicológicas e emocionais das quais levi anos para conseguir superar. Logo depois desse acontecimento terrível, meu pai sofreu um acidente de carro e faleceu. Naquela época, eu gritava contra o que fizeram comigo criança, sem ter a capacidade de articular as palavras para expressar o que sentia. Meu pai nos deixou precocemente aos 34 anos e minha mãe ficou viúva aos 32. Eu tinha apenas sete anos, e meu irmão 14. A vida sem meu pai se tornou difícil para todos nós. Minha mãe tomou uma decisão corajosa: realizar o sonho de ser professora, ela lecionava de manhã, à tarde e à noite. Desde muito cedo, fui ensinada a me virar sozinha; chegava da escola com a responsabilidade de preparar minha própria comida. Essa independência forçada, embora fosse uma lição valiosa, também alimentava a minha revolta. No entanto, sempre parece haver um anjo salvador, e o meu foi a tia Elza, que me ofereceu apoio incondicional.

Lembro-me da casa da minha avó, sempre repleta de doces, guloseimas e brinquedos. A família do lado dos meus avós paternos era de abundância, em que todos os desejos eram atendidos. Com 13 anos, enfrentei minha primeira tentativa de suicídio. Em outra escola, conheci uma professora chamada Dona Dária, responsável pela disciplina que eu mais detestava: matemática. Ela tinha a reputação de ser rigorosa e disse à minha mãe: "Cleide, me dê um mês, e eu colocarei a Luciana nos trilhos". A promessa dessa mulher foi um ponto de virada na minha vida. Ela acreditou em mim quando poucos o faziam, e sua determinação em me ajudar me ensinou a importância de ter alguém que acredita em nosso potencial.

Se você acredita, você pode

Sempre fui uma aluna rebelde, pois tinha certeza de que havia perdido a minha mãe para a escola; não fazia as tarefas de casa e, por isso, meus cadernos não eram completos. Eu e Carla, filha da Dona Dária, compartilhávamos a mesma classe e naquele ano a avaliação seria baseada nas atividades feitas no caderno ao longo do ano. Sem o caderno completo, desesperei-me e pedi a Carla que me emprestasse o seu, a fim de atualizar o meu. Generosa, ela concordou, e levei o caderno para casa. Sentada à mesa, virei a noite completando o caderno e só parei na manhã seguinte para ir à escola entregar à Dona Dária. Séria, ela avaliou todos os cadernos e surpreendentemente anunciou: "Este ano, o melhor caderno é o da Luciana." Chocada, sabendo que o meu não era o melhor, percebi que aquela professora viu além das aparências, ela reconheceu meu esforço e determinação, ela conseguiu transmitir que existem pessoas que talvez não sejam as melhores em algo, mas que se esforçam e isso as faz vencer.

Surpresas da vida

As batalhas que enfrentei na vida foram marcadas por uma inimiga feroz: a depressão. Um abismo de tristeza profunda e uma saudade avassaladora consumiam minha alma. A dor de perder meu pai ainda menina veio acompanhada de outro golpe cruel sete anos mais tarde, quando meu irmão, Clovinho, morreu em um trágico acidente aéreo, aos seus jovens 22 anos. Apesar de todas as tristezas, a paixão pela dança sempre pulsou dentro de mim. Nesse caminho, encontrei outra pessoa que me apoiou: a querida professora de educação física, tia Alice. Quando eu tinha 17 anos, ela fez um convite surpreendente e me entregou à escola de dança. Foi um desafio, mas ela acreditava no meu potencial.

Com apenas 19 anos, decidi me casar, logo me tornei mãe e o início da minha jornada foi marcado por uma situação difícil. Passei meu primeiro mês de gestação internada em uma clínica psiquiátrica, lutando contra a depressão. Foram dias difíceis, estava grávida em meio a toda essa dor. Nessa fase, como mãe, tive três filhos em rápida sucessão.

A vida repleta de desafios e eu determinada a superá-los pelos meus filhos. Nessa jornada tive a experiência de passar por um projeto dentro de uma carvoaria com crianças que realizavam trabalho infantil. Além disso, ajudei usuários de drogas a encontrarem o amor de Deus e o que mais me chocou foi a experiência que tristemente vivenciei com tráfico humano, em que crianças eram vendidas para prostíbulos. Entendo que, mesmo difícil, todos esses caminhos me levaram a construir quem sou hoje.

Um amigo especial chegou na minha vida, costumo chamá-lo de meu irmão Japonês, André Kuroishi. Ele me convidou para participar de um encontro de oração. Ali, eu ouvi, vi e senti o toque e a doce presença do Espírito Santo e uma nova história começou a ser reescrita. Conheci duas pessoas pelas quais tenho imensa admiração e respeito: a dona Marina, a quem chamo carinhosamente de mãe Marina, e o seu Ailton. Esse casal foi como o braço de Deus aqui na terra, eles sempre me motivaram a perseverar. Recebi uma direção de Deus de que deveria partir para outra terra, chamada Cascavel. Chegamos à cidade há 22 anos; e na entrada, em um ato simbólico, coloquei os pés no chão e declarei: "Se esta é a terra que o Senhor me dá, uma terra que emana leite e mel, eu tomo posse". Naquele momento, fiz um ato profético. Era a nossa jornada em direção a um novo capítulo da vida, e estávamos cheios de esperança e fé.

Empreendedorismo: uma paixão

Sempre fui uma pessoa inquieta, buscando o novo e o diferente, disposta a nadar contra a corrente. Decidi montar uma loja de acessórios na minha casa, ela cresceu e tornou-se um projeto ainda mais especial quando tive a oportunidade de inaugurá-la em um shopping. Nesse tempo, também comecei a ensinar a confecção de bijuterias na televisão. Há um versículo da Bíblia que diz: "Nem olhos viram, nem ouvidos ouviram, nem jamais penetrou em coração humano o que Deus tem preparado para aqueles que o amam". Comecei a viajar para São Paulo em busca de peças únicas e criei um conceito mostrando às minhas clientes que tudo o que era novo e diferente podia ser encontrado ali. Trabalhei com visual merchandising, uma maneira de tornar a experiência de compra ainda mais envolvente e única para os clientes com uma experiência memorável.

Propósito de vida na causa animal: nasce a ONG Latidos do Bem

Encontrei meu propósito de vida na causa animal. Meu desejo era simples: ajudar as ONGs e as protetoras de animais. Comecei fazendo roupinhas para doar e logo realizei meu primeiro resgate. Atualmente, em minha casa, tenho doze animais resgatados, e sou grata ao meu marido, que abraçou essa missão e me ajuda. Percebi que todas as coisas que enfrentei conduziram-me ao lugar onde eu deveria estar. Minha bagagem empresarial, com conhecimentos em visual merchandising, marketing, design e gestão de pessoas, permitiu que eu aplicasse essas habilidades na ONG Latidos do Bem, da qual sou cofundadora com o propósito de salvar vidas.

Em 2020, decidi vender bolos e conseguir custear as despesas da ONG. A marca Latidos do Bem tem um propósito claro: ajudar os animais de rua; e eu decidi enfrentar esse desafio. Foi um passo importante de impacto positivo. Na primeira vez em que saí para vender, tínhamos 18 bolos. Após trabalhar com as propagadoras da causa, na segunda vez, esse número saltou para sessenta e nove bolos. Na terceira vez, entregamos 147 bolos e percebi que a entrega precisava ser uma experiência única; então decidi pessoalmente entregar os bolos, com uma fantasia de cachorro para brincar com as crianças. Surpreendentemente, os adultos também adoraram a abordagem e, atualmente, a venda de bolos é o que tem contribuído para manter os custos da ONG.

Tenho profunda gratidão à minha mãe, que desde cedo me ensinou a escolher o caminho do bem, exemplo de força e determinação. Meu amado tio Zé Amador, irmão do meu pai, que teve um papel fundamental na minha vida; desde a infância me orientava, dizendo: "Anda reto, menina." Ele, com seu rigor de militar, sempre foi amável, carregando-me nos braços como meu pai fazia. Gratidão à minha adorada professora de matemática, Dona Dária e à Tia Alice, que impactaram positivamente minha vida. Lembro-me das palavras da minha psicóloga, que costumava dizer: "Você precisa tocar uma vida; se conseguir isso, estará mudando gerações".

Minha amada Tia Elza, com sua doçura, desempenhou um papel essencial em minha vida. Minha tia Elizete, uma mestra em sua arte e uma inspiração constante. Agradeço à tia Ni e ao tio Zé Carlos, que me apoiaram durante minha adolescência. Minha amada mãe Marina e seu Ailton, que foram pilares de fé e amor. Ao meu amigo japonês Kuroishi, que nunca se cansou de me aconselhar e apoiar. Às minhas amigas Érika Okazaki, Érika Cristiane, Clarice Gurgacz, Andrea Froio, Aline Campos e Ana Claudia Mattos, que desempenharam papéis significativos, assim como a minha família Amador e Manrique e a Francislene Dadiane, que sempre será minha fiel escudeira. Deixo registrado agradecimento especial à empresária Letícia Fabian Barbosa, que acreditou em meu trabalho; ao meu dedicado esposo Marcelo, que abraçou minha missão de cuidar dos animais. Aos meus três filhos, Amanda, Betina e João Clóvis; ao meu netinho Augusto e à minha afilhada Rebeca, que amo muito, protetora nata que decidiu ser médica veterinária para atuar na ONG. Obrigada a todos vocês.

Este trabalho com a ONG Latidos do Bem me levou a lugares inesperados, onde encontrei pessoas notáveis que marcaram meu coração. Compartilho minha eterna gratidão ao Dr. Thiago Correia e a Rafael Marcante, cujo coração generoso e vasto conhecimento me ajudaram a alcançar patamares inimagináveis.

Conclusão

Acredito que a transformação que desejamos está nas nossas decisões. Mesmo quando a vida nos coloca diante de um caminho repleto de obstáculos, temos o poder de decidir não seguir por ele. Decidir quem nos tornamos, a quem amamos e perdoamos é, sem dúvida, o maior desafio. No entanto, entre todas as decisões que tive que tomar, a mais significativa foi a de ser mãe da Amanda, da Betina e do João Clóvis. Tê-los como meus filhos é uma fonte inesgotável de felicidade em minha vida. Este livro é dedicado a eles, ao meu neto Augusto e às futuras gerações. Que possam encontrar inspiração nas decisões que tomamos e nas histórias que compartilhamos, para criar um futuro de amor, compaixão e resiliência. Acredito que o poder do amor transcende todas as barreiras, sendo a força capaz de superar qualquer obstáculo e o farol que ilumina o caminho.

17

A VIDA DÁ VOLTAS, MAS ACABA PARANDO NO MESMO LUGAR

As leis da vida vêm para auxiliar a compreensão de quem somos, de onde viemos e como podemos trazer as forças dos aprendizados, das ações e de responsabilidade para seguir em frente com novas possibilidades, transformações e conquistas.

MARCIA ISABEL REINEHR

Marcia Isabel Reinehr

Graduada em Enfermagem. Atua como terapeuta sistêmica em atendimentos individuais e em grupos desde 2011. Possui diversas formações e cursos em Constelações Familiares, Estrutural e Organizacional, obtendo a formação de Maestria nas Novas Constelações pelo Instituto de Constelaciones Familiares. Em 2017, iniciou a jornada como professora da Formação de Constelações Quânticas e Familiares, básico e avançado. Atualmente, terapeuta, mentora, palestrante, empresária e empreendedora no Espaço MI Cursos e Terapias.

Contatos
Instagram: @constelacaomarciaisabel e @espacoterapeuticomarciaisabel

Já teve a sensação de que sabe qual será o final da história que está vivendo?

A vida é uma constância e traz experiências do momento de nossa concepção, nascimento, infância, crescimento, mais do que imaginamos. Somos seres que estamos vinculados sistemas, vivências, traumas e ciclos de altos e baixos, como se estivesse em um *looping* infinito, até obter consciência e tomar a responsabilidade de nossas escolhas.

Quais escolhas está fazendo?

Já houve repetição em algumas áreas de sua vida como no campo das emoções, carregando sentimentos e sensações de fazer tudo errado, de se sentir derrotada, forte sentimento de não ser amada, compreendida e de que não faz parte do contexto? E quanto mais o tempo passa, mais cresce o sentimento de não ser aceita, tristezas que doem em seu peito, crenças de inferioridade, frustações... Talvez você já tenha passado por repetições em outras áreas de sua vida, como no amor, no âmbito profissional ou financeiro, nas amizades ou diagnósticos iguais à sua família.

Fazer parte de um "campo de dor" (que significa o passado emocional vivendo em nós), emaranhado nos sistemas da vida, é um ser que carrega dores de memórias. Memórias que, de acordo com a teoria de campos mórficos, desenvolvida por Rupert Sheldrake, podem ser de gerações, temporárias, de anos ou de uma vida toda; tudo vai depender das curas e da expansão de consciência que esse ser dá ao campo de memórias que está envolvido.

Eu tive em minha infância muitas repetições na área das emoções, carregava sentimentos e sensações de fazer tudo errado, não me encaixava em padrões, pensamentos e ideias, tinha um forte sentimento de não ser amada, compreendida e que não fazia parte do contexto. Tudo isso acontecia apesar de eu ter uma excelente estrutura familiar. O ambiente era equilibrado externamente, mas havia desarmonia interna. E isso aconteceu outras vezes em minha vida, até eu compreender o que realmente acontecia em meu ser, me curar e ressignificar.

Você já viveu algo repetidamente? Percebeu algo se repetindo em sua vida, igual ao que acontecia à sua família? É interessante quando aprendemos a observar ao que estamos vinculados e como isso ecoa em nossas vidas.

O ciclo de repetição pode trazer desequilíbrio mental, emocional, físico, financeiro, perdas diversas... A vida, em seu intuito, vem trazer o equilíbrio, a ordem e o pertencimento do que foi excluído. E aquele momento em que a vida está estagnada deixa de dar os movimentos e fluir em seu percurso.

> *A vida te acorda, te poda, te quebra, te desaponta,*
> *mas creia, isso é para que seu melhor se manifeste,*
> *até que só o amor permaneça em ti.*
> BERT HELLINGER

Para que seu melhor se manifeste em você, podemos seguir as leis da vida. Pertencimento, ordem, equilíbrio e gratidão fazem parte dessas leis do qual regem as dinâmicas familiares. Vamos compreender um pouco mais.

A lei do pertencimento

Cada pessoa tem direito a um lugar no sistema familiar, na comunidade, na empresa em que trabalha, na vida. Afinal, todos nós nascemos em uma linhagem, por isso pertencemos a ela; não importa o que aconteceu ou venha a acontecer, fazemos parte. Quando compreendemos que fazer parte da família nos impulsiona para a missão pessoal, entendemos nossa força.

> *Uma pessoa está em paz quando todas as pessoas que pertencem a sua família têm um lugar em seu coração.*
> BERT HELLINGER

Realizar a jornada no âmbito familiar é ir em busca de histórias, trajetórias, fatos, casamentos, separações, datas marcantes, incluindo com amor e respeito as personalidades, formas de agir e reagir em determinadas situações. É nesse movimento que encontramos segredos, exclusões, julgamentos, repetições, frustações, muitas emoções do que vivemos.

Você já parou para analisar que pode estar vinculada a pessoas que não conhece, porém fazem parte da história de sua família?

- Culpa de ter nascido enquanto alguns não vieram ao mundo, trazendo sentimento de não avançar na vida porque outros não fizeram. É como se dissesse: **"Por amor a você, eu também não me permito viver"**.
- Sensação de vazio, tristeza profunda por um gemelar que não sobreviveu no útero, provocando um movimento interrompido que afetou a atenção do tempo presente, trazendo bloqueios e dificuldades na qualidade de vida.
- Ciclos de repetição. Perdas que impactaram o medo de gerar projetos, bebês ou mesmo constituir família.
- Repetição por situações que seus pais passaram: "Se vocês passaram por isso, eu também passo". De maneira inconsciente, porém, por amor a eles; mesmo não os conhecendo ou sabendo de suas histórias, acabamos fazendo igual. Você

já teve a percepção de que fez igual ao seu pai ou à sua mãe na mesma idade? Ou até como seu irmão mais velho? Exemplo: casamento, gestação, perda financeira, cirurgia ou período emocional.
• As descobertas mostram em sua profundidade situações que precisam ser colocadas em ordem, como a imigração e seus desafios, sonhos interrompidos, crenças limitantes, frustações amorosas, perdas financeiras e de bens materiais.

Em nossa infância, trazendo amor e dor, seguimos os comportamentos de nossa biologia e de comandos que nos cercam, como pais, irmãos, família de origem, família atual, parentes, professores e sociedade. Enfim, seguimos as crenças de algo maior, por hora sendo impulsionados ou movimentados em sentimentos que não fazem parte de nós.

Um momento essencial para evolução é na adolescência, período de transição e busca constante de si, de modificar crenças, seguir a personalidade, receber a força e ao mesmo tempo as circunstâncias que, muitas vezes, prendem toda aquela vontade de viver.

Esse foi um momento delicado de minha vida em um ciclo de emoções com a sabedoria de meus pais, Nércio José Reinehr e Ilga Maria Reinehr, que me soltaram, me apoiaram e souberam conduzir para meu ser adquirir novas experiências. Confesso que foi confuso, mas libertador. Fui e voltei duas vezes, até aprender a força da família sobre gratidão e tomar decisões com responsabilidade. Nessa força que tomei, decidi pela terceira vez sair da casa de meus pais, buscar equilíbrio e, assim, fui solicitando à Grande Força que abrisse meu caminho.

Você já se perguntou: será que dessa vez vai dar certo?

Baseada em experiências vividas e observadas no exercício da profissão, costumo dizer para meus alunos e clientes: "Passo a passo, você conseguirá se conhecer, adquirirá sua força; mantenha responsabilidade, saiba que tudo é uma fase".

A lei da ordem

Diz respeito a quem chegou primeiro, e aqui inclui-se mais que antepassados, pais, parentes, linhagem de irmãos, vejo além, vejo tudo e todos que movimentam sua jornada, como pessoas, cidades, casas em que morou, trabalhos, evoluções.

Olhe para:

- Antepassados – olho, respeito e digo: honro a força e as histórias, assim como foi.
- Pais – vocês me deram a vida e isso me basta. Vocês chegaram primeiro e isso faz eu ser pequena diante da vida e do destino de vocês.
- Irmãos – respeito a ordem de quem foi concebido primeiro, trazendo a força e o respeito com os demais.

Conhecer a história de sua família é se conhecer e saber identificar o que é seu e o que pertence ao outro, a cultura, o emaranhado. Passo por passo, vamos incluindo e colocando as situações em ordem, aprendendo a respeitar e cuidar para não ultrapassar o limite do outro quando em seu bom coração quer ajudar sem que o outro solicite, principalmente quando estamos falando de alguém que chegou antes em nossa vida. Esse respeito é perceber que cada um tem responsabilidade e cada um tem sua missão familiar e individual; assim, deve-se ser grato pelos papéis que a cada um compete, ser grato pelos aprendizados e forças que esse sistema lhe oferece.

Aquele que entrou em primeiro lugar em um grupo tem precedência sobre aquele que chegou mais tarde. Isso se aplica às famílias, também às organizações.
BERT HELLINGER

Honrar e respeitar aos que chegaram antes com suas memórias e seus destinos, tudo do jeito que foi, me ajudou a realizar este trabalho interno quando tomei a decisão de mudar minha vida, me transformando em terapeuta sistêmica, adquirindo o equilíbrio e me dando a permissão para sair das compensações.

A lei do equilíbrio

Quando há a sensação de ser prejudicado, existe o significado do desequilíbrio. Uma vida saudável significa que temos as dimensões emocional, mental, física, espiritual e financeira em equilíbrio. Trazendo a permissão da felicidade e prosperidade na vida que flui. Porém, na vida não existe perfeição em si mesma, o que existe é a perfeição baseada nas crenças e buscas de cada um. Conforme vamos evoluindo, nos moldamos, ressignificando, incluindo, colocando em ordem e buscando o equilíbrio, saindo das compensações.

Para que aconteça essa evolução que, em meu ponto de vista, é uma reconexão interna de quem eu sou, com as minhas memórias e memórias dos campos de sistemas a que estou vinculada, é necessário compreender que tudo faz parte, tudo pertence, assim como noite/dia, sol/lua, escuro/luz, medo/coragem, frio/quente, morte/vida e muitos outros.

E por que é necessário ter esse equilíbrio de sentimentos? Imagine você não tendo medo, como seria sua vida sem ele? Do que o medo te protege? Já pensou se o sol sumisse? Ou a noite não chegasse para acalmar o calor do dia? E a morte e a vida? Muitas vezes precisamos encerrar ciclos que chamamos de morte para novos projetos trazermos vida.

Embora não haja um equilíbrio perfeito na vida, buscamos potencializar o nosso desenvolvimento individual e das pessoas envolvidas. Também podemos falar que, em um relacionamento, para crescer e prosperar, é necessário que exista o "dar e receber" em busca desse equilíbrio.

> *O que está em vida é inacabado. Os mortos são completos. A ânsia por perfeição é, na verdade, na profundeza, uma ânsia pela morte. Para que fiquemos em vida, temos que respeitar o inacabado.*
> BERT HELLINGER

Tudo acontece de modo inconsciente e, com clareza, vamos trazendo as experiências vividas para ter a força de ir para a vida deixando de estar na sobrevivência ou repetição, permitindo a ressignificação do que já foi.

A lei da gratidão

Entre acertos e tropeços, trazemos a terapia das constelações sistêmicas e familiares como filosofia de vida, chamando-a de FORÇA SISTÊMICA. Compreendendo que somos muitos dentro de nós e estamos vinculados a sistemas ao nosso redor. Que um novo se dá a partir de uma escolha que faço, pois esse novo, fundamentado em tantas experiências vividas, podemos sentir o quanto ressoa no campo de informação e que é transmitida adiante.

A cada dia aprendo sobre as leis, sobre as pessoas, sobre os movimentos da vida e, nesse aprendizado, digo o quanto somos complexos e nos permitimos sermos nós mesmos, sermos felizes em um sistema que há muito tempo não sabe o que é isso, permitir-se ser próspero no amor ou financeiramente, enquanto muitos não foram. Saber direcionar, equilibrar, sair das lealdades ou compensações, trazer a ordem e o pertencimento de si mesmo. Trazer a gratidão. Ela vem como uma avalanche para quem se permite observar a vida, assim terá uma grande recompensa de evolução e reconexão.

A voz da sororidade

Nossos pais são um portal para a permissão do nascimento. Quando eles disseram SIM para meu complexo de memórias se unir e vir ao mundo, eu pude nascer; e essa força de nascimento trago por meio dos "SINS" que a vida me convida a dizer. Agradeço pelas memórias de força, coragem, gentileza, amor e sabedoria que eles me forneceram.

Também sei que a gratidão vem de longe, das outras permissões de vir ao mundo, das experiências vividas anteriormente por meus antepassados e que, com consciência, podemos dizer: "Isso já foi vivido, eu desejo viver também" ou "isso já foi vivido, não preciso viver novamente". Sempre conheça sua história para fazer a escolha consciente, pois quem não se conhece terá sua vida governada pelo inconsciente.

A gratidão promove o verdadeiro perdão, que é quando você pode sinceramente dizer: "Obrigado por essa experiência".
MARC CHERNOFF

18

MINHA JORNADA AO EMPREENDEDORISMO

Neste capítulo, descrevo a minha experiência pessoal ao enfrentar o fim de um casamento de 14 anos. Explico como foi minha jornada de superação e a transição para o empreendedorismo. Compartilho também como a sororidade desempenhou um papel crucial em minha trajetória como empreendedora, destacando a minha participação no Núcleo ACIC Mulher. Além disso, relato a minha evolução pessoal desde meu retorno para Cascavel, dando ênfase para a construção da minha empresa: Lobelia Eventos Corporativos. Finalizo falando sobre meu desejo por igualdade e equidade de gênero e sobre a minha esperança de que as mulheres possam ocupar espaços que foram historicamente negados a elas em um mundo patriarcal.

MARIA CAROLINA GURGACZ

Maria Carolina Gurgacz

É capricorniana, sistemática, uma amiga leal e apaixonada pela vida. É graduada em Filosofia pela Universidade Federal do Rio Grande do Sul, pós-graduada em Gestão de Eventos pela Unopar. Sócia-proprietária da Lobelia Eventos Corporativos e da Journey, caminho de foco. Foi coordenadora do Núcleo ACIC Mulher em 2022, ano em que fez um esforço, junto a sua vice-coordenadora na época (Joseane Conrado, atual coordenadora) para ampliar o número de mulheres dentro do núcleo, transformando o ACIC Mulher no maior núcleo dentro da Associação Comercial e Industrial de Cascavel, com mais de 100 empresárias. Atualmente, é líder do comitê de eventos do núcleo. Representa a ACIC no conselho do Banco da Mulher junto à prefeitura de Cascavel. É membro do conselho de Núcleo da Governança do projeto Empreender da ACIC. Em 2023, foi líder do Dia Mundial da Criatividade, projeto vinculado à ONU e que envolveu diversas instituições na cidade. Incentivadora do empreendedorismo feminino. "A sororidade está transformando a vida das mulheres contemporâneas. Estamos resgatando uma irmandade antiga. A rivalidade entre nós foi criada por interesses maiores, para que muitos tirassem proveito dessa desunião. Mas não vamos mais permitir. Esse resgate vem acontecendo e farei o que for possível para ampliá-lo".

Contatos
https://lobeliaeventos.com
mahgurgacz@gmail.com
Instagram: @mahgurgacz
45 98804 8006

O começo do recomeço

Era uma segunda-feira: 14 de janeiro de 2019. Faltava uma semana para completarmos 14 anos de casados. Meu marido me chamou para conversar:

– Precisamos conversar sobre algo sério.

– Claro. Pode falar!

– Faz seis meses que venho pensando sobre isso. Foi uma decisão muito difícil, porém não tem outro jeito. Precisamos terminar.

Meu coração quase parou. Senti meu corpo inteiro formigando. Náuseas e muita dor no corpo. Isso é o que me lembro de ter sentido. Eu, em pânico, perguntei:

– Você só pode estar brincando, você vai jogar 14 anos de casados fora? Mas o que está acontecendo?

– Estou em uma fase obscura. Não consigo dar conta de nada nesse momento.

Obviamente, implorei para que ele não fizesse. Ele disse então que daria mais uma semana para pensar sobre o assunto. Foi a semana mais tensa que já vivi na minha vida. Parecia que estava com um estranho dentro de casa. Ao contrário do que achei que faria – lutaria por nós –, fiquei de espectadora, assistindo de camarote àquele que eu tinha amado tão profundamente desistir de tudo.

A voz da sororidade

Passou quase uma semana. Era domingo, 20 de janeiro de 2019. Aniversário de uma amiga do mestrado. Eu não tinha a menor condição de sair de casa, fui para me distrair de tanta dor. Quando voltei, ele já não estava mais. Foi embora na calada da noite. Como se 14 anos não fossem nada. Era madrugada do dia 21 de janeiro de 2019. Dia em que a gente comemoraria 14 anos de casados. O desespero tomou conta de mim. Não desejo isso para ninguém. A dor que senti foi tão profunda que só queria deixar de existir. Foi terrível.

A partir daí começou um novo capítulo da minha vida, um recomeço. Os primeiros dias foram de verdadeiro desespero. Eu achava que não aguentaria. Como eu poderia viver sem aquele que era, até então, a razão da minha vida?

Na época, eu não contei para quase ninguém. Somente para dois grandes amigos de Porto Alegre: Fabiane e Gabriel. Eles seguraram a minha barra. Meu primeiro "tapa na cara" veio da Fabi, uma mulher forte, que sobreviveu a dores indescritíveis. Ela, olhando nos meus olhos, disse:

– Maria, calma, ninguém morre por causa de homem, não. Você vai se recuperar.

Pode parecer apenas uma frase boba. Mas o jeito como ela me disse, a força que ela colocou naquelas palavras, me deu o primeiro tranco para eu seguir. Finalmente eu parei, respirei e pensei: "É, ninguém morre por causa de homem, vou seguir a minha vida". Aqui foi uma demonstração muito potente da "sororidade", pois foi o momento em que uma amiga/irmã, com toda a sua experiência de vida, amor e firmeza, disse para a outra que ela superaria e ficaria bem.

Depois de alguns meses criando expectativa de uma volta, percebi que não aconteceria. Devido a inúmeras situações, decidi que iria embora de Porto Alegre e voltaria para a minha cidade natal: Cascavel, no Paraná. Não fazia mais sentido ficar no Rio Grande do Sul, já que a família que eu estava construindo havia desmoronado. Eu estava me organizando para terminar o mestrado e, finalmente, engravidar da minha "Mariazinha". Eu já tinha nome para ela. Era um sonho muito grande ser mãe na época.

O pé na bunda que me impulsionou para o empreendedorismo

O casamento acabou. A Mariazinha não veio.
E agora, Maria, o que será da sua vida?
Em Porto Alegre, eu era professora de Filosofia no Ensino Médio e trabalhava na Faculdade de Educação da Universidade Federal do Rio Grande do Sul. Estava quase concluindo meu mestrado em Políticas Públicas, mas fiquei tão desnorteada que resolvi largar tudo e recomeçar. Depois que levei um superpé na bunda, decidi que faria algo por mim. Após tantos anos me dedicando mais aos outros, tinha chegado a hora de pensar no meu futuro e na minha vida.

Passei o ano de 2019 me dedicando aos estudos. Acredito muito no poder do conhecimento. Acho que quaisquer passos que resolvemos dar em nossas vidas devem ser bem embasados. Quanto mais você ler e estudar sobre um assunto, mais sólida será a base. Além disso, você poderá encurtar alguns caminhos conhecendo outras jornadas. Por isso, resolvi estudar sobre empreendedorismo e fazer alguns cursos e consultorias. Um deles foi uma pós-graduação na área de "Gestão de eventos". Foi a partir desse momento que comecei a me aprofundar nesse mundo. Era um sonho antigo que eu tinha: abrir minha própria empresa de eventos.

No início de 2020, isso aconteceu, tornei-me empresária. Era o primeiro passo para essa trajetória desafiadora chamada "empreendedorismo". É um caminho cheio de desafios. Ao contrário do que muitos pensam, ser dono da própria empresa é extremamente complexo, você precisa ter muita determinação, foco, persistência e, se possível, uma rede de apoio. Logo que abri minha empresa dei o nome de "M C Gurgacz Eventos", mas durou pouco. Depois de um estudo feito com profissionais, criei um nome mais criativo, uma logo e pensei nas cores da empresa; ela foi lindamente batizada de "Lobelia Eventos Corporativos". Atualmente, não sou mais uma "EUquipe". Agora tenho meu sócio: Bruno De Conti Moreira e a Bruna Scanagatta Basso, que trabalha na parte administrativa da empresa.

Logo que abri a empresa, comecei a fazer parcerias, porém outro grande baque surgiu no mundo: uma pandemia mundial – o coronavírus, que começou a matar milhares de pessoas. Um verdadeiro terror se instaurou no planeta Terra. O setor de eventos foi o primeiro a parar e o último a voltar. Mais um momento de desespero em minha vida.

Para me manter, gastei a economia de anos. Tive ajuda de meus pais, que foram essenciais. Eu jamais teria conseguido seguir sem todo o apoio que eles me deram. Sou profundamente grata pela família que tenho. Fiz alguns "bicos" como professora de Filosofia, ou seja, me virei como consegui. Foram momentos de profundo desânimo. Estava separada, em uma cidade onde não conhecia muita gente e a única coisa que me traria esperanças (que seria a minha empresa) estava totalmente impossibilitada de funcionar. Para ajudar, me envolvi em um relacionamento tóxico, que levei alguns meses para sair. Só consegui graças a uma das minhas melhores amigas, a Andreza. Ela me disse:

– Maria, tem alguma coisa errada com você. Sinto que você tem estado muito triste. Seu brilho está apagado.

Mesmo diante de tudo o que eu vinha vivendo, sempre fui uma pessoa alegre. A alegria é um traço muito forte da minha personalidade. Porém, quando comecei a me relacionar com alguém que me deixava sempre triste, meu farol foi ficando baixo. Aqui, temos outra importante demonstração de sororidade.

Outra amiga/irmã fez um valioso alerta para mim, mesmo que essa verdade tenha doído. É muito importante estar atenta às nossas amigas. Isso não significa intrometer-se na vida delas, mas alertar e chamar a atenção quando se percebe que a situação não parece estar bem. Foi a partir desse alerta que consegui sair de vez dessa relação que, por sorte e graças a minha amiga, durou pouco tempo.

Entretanto, onde existe um sonho, existe esperança. Eu sabia que em algum momento a pandemia passaria e que a empresa seguiria. Foi o que aconteceu. Comecei a fazer eventos de graça para construir um portfólio. Oferecia-me para pessoas e instituições a fim de organizar os eventos. No começo, foi extremamente difícil, pois eu não sabia ainda quem eram os melhores fornecedores, quais deles fariam o melhor serviço. Arrisquei muitas vezes, mas sempre tive bastante "sorte" com relação a isso. E foi graças a esse período de riscos que comecei a conhecer e a ficar conhecida no meio. Para que você seja respeitada como gestora de eventos, a principal habilidade é: a capacidade de solucionar problemas com rapidez. É preciso pensar rápido, porque, por mais que você tenha tudo rigorosamente planejado, sempre haverá imprevistos. Acredito que venho desenvolvendo bem esta habilidade.

Como a sororidade ajudou em minha jornada como empreendedora

Quando cheguei a Cascavel, fui logo buscar grupos de mulheres empresárias. Procurei a Associação Comercial e Industrial de Cascavel (ACIC) para obter mais informações e descobrir se ali haveria algum grupo voltado para mulheres. Nesse dia, ouvi o seguinte diálogo:

– Você viu o tema que o conselho da mulher debateu nesta semana?

– Não, qual foi?
– Sororidade. Eu nunca tinha ouvido falar sobre isso. Achei muito interessante.

Meus olhos brilharam. Aquilo foi melodia para meus ouvidos. Fiquei empolgadíssima. Foi a partir desse dia que começou minha relação com a ACIC. O que chamavam de conselho, mudou para "Núcleo ACIC Mulher". Esse grupo estava determinado a crescer. A ideia era *fortalecer o empreendedorismo feminino*. Metade de 2019 e 2020 todo, eu não era muito ativa. Mais observava do que falava. No começo de 2021, já com outra gestão, comecei a me animar mais. Achava incríveis as mulheres daquele grupo. Especialmente as coordenadoras Rejane Martins Pires e a vice Cristiane Ziliotto.

Em uma de nossas reuniões, elas perguntaram se alguém teria interesse em se responsabilizar pelo Instagram do ACIC Mulher. Enxerguei ali uma oportunidade de aprendizado e de contribuir mais com o grupo. Empolguei-me demais com essa nova missão. Comecei a fazer *posts* e *stories* sem parar. Começamos a crescer, sempre tinha mulher nova conhecendo o núcleo (costume que permanece até os dias atuais). Passamos a ganhar força dentro da instituição. Antigamente, as mulheres se reuniam mais para fazer ações sociais e tomar chá; com o passar dos anos, foi-se reforçando a importância de investir-se nas empresas e nas próprias mulheres. O núcleo começou a trazer palestras voltadas para a melhoria das empresas, bem como da saúde física e mental das empresárias.

No final de 2021, a Rejane e a Cris me convidaram para ser vice-coordenadora da gestão de 2022. A Cris mudaria de vice para coordenadora, eu seria a vice dela. Senti-me muito honrada pelo convite, pois foi um reconhecimento de todo o trabalho e dedicação que vinha fazendo. Quando, finalmente, chegou a época da troca de gestão, recebi a notícia de que, por problemas familiares sérios, a Cris não conseguiria assumir a coordenação e que, como eu era a segunda na hierarquia, teria a opção de assumir se quisesse. Confesso que me deu muito medo, pois já éramos um grupo muito maior. De 16 mulheres, passamos para quase 60.

Eu não tinha feito um "estágio" como vice-coordenadora. Como assumiria assim, de supetão? Mas resolvi encarar o desafio. A primeira coisa que precisava fazer era encontrar alguém disposta a assumir comigo, ou seja, uma vice-coordenadora. A partir de uma sugestão da própria Cris, convidei Joseane Conrado para se candidatar. Ela prontamente aceitou; e ao colocar para o grupo o nome dela, foi eleita de modo unânime.

Durante o ano de 2022, fizemos um trabalho muito consistente, dando continuidade à gestão anterior e criando diversos elementos dentro do núcleo. A sororidade tornou-se um de nossos lemas. E continua sendo com a gestão de 2023. Gestão que teve a excelente ideia de lançar este livro com grandes nomes da cidade de Cascavel e, também, do Brasil.

Sororidade deriva da palavra "soror", que significa "irmã" em latim. Ela busca superar a competição e a rivalidade muitas vezes presentes entre as mulheres, incentivando a colaboração, o entendimento e a empatia. É um conceito do movimento feminista. Atualmente, com o incentivo e a busca pela sororidade, muitas mulheres estão criando movimentos para acabar com essa rivalidade, apoiando umas às outras e trabalhando juntas para superar as desigualdades e os desafios que enfrentamos. Exemplo disso é o núcleo ACIC Mulher, que promove com força a sororidade e faz que as mulheres se apoiem, incentivem e ajudem das mais variadas formas possíveis.

Na minha gestão em 2022, passamos a marca de 100 empresárias, e nos tornando-nos o maior núcleo da ACIC. Felizmente, as atuais coordenadoras Joseane Conrado e a Daiane Rosseto continuam mantendo a excelência na gestão do núcleo, e cresce cada vez mais o número de empresárias que procuram por nós.

A voz da sororidade

O que desejo para as mulheres em um futuro próximo

É incrível pensar que até pouco tempo a vida das mulheres era totalmente moldada pelas normas e pelos valores sociais que limitavam oportunidades e liberdades em comparação aos homens. É importante observar que as experiências das mulheres variavam significativamente de acordo com a cultura, a época histórica e outros fatores, mas algumas características gerais podem ser destacadas: restrições na educação e carreira; papéis domésticos obrigatórios; falta de autonomia legal e financeira; exclusão na participação política; normas de comportamento rígidas; falta de acesso a serviços de saúde e direitos reprodutivos e estereótipos de gênero (que definiam a vida das mulheres, ditando como elas deveriam se vestir, falar, agir e se relacionar com os outros).

Ser empresária em um mundo predominantemente masculino é um privilégio. Segundo uma análise dos dados do IBGE realizada pelo SEBRAE, em 2022, foram registradas no Brasil 10,3 milhões de mulheres donas de negócio. Isso representa 34,4% do universo de donos de negócios no país. Considerando que as empresas geridas por mulheres começaram a surgir em maior número a partir da Constituição de 1988, em virtude de leis que firmaram a igualdade entre homens e mulheres, é possível assegurar que o crescimento do empreendedorismo feminino tem sido exponencial.

Eu desejo que cada vez mais possamos conquistar nossos espaços, fazendo sempre o que quisermos fazer. Espero, sinceramente, que a igualdade e a equidade se tornem uma realidade entre homens e mulheres. Que possamos ocupar espaços que nos foram negados por tantos séculos e que essa luta seja cada vez mais leve. Porque ser mulher em um mundo patriarcal é matar um leão por dia.

Referência

SEBRAE. *Brasil alcança marca histórica de mulheres à frente de empreendimentos.* Disponível em: <https://agenciasebrae.com.br/modelos-de-negocio/brasil-alcanca-marca-historica-de-mulheres-a-frente-de-empreendimentos/>. Acesso em: 26 fev. de 2024.

19

LAÇOS DE SUCESSO
A JORNADA DAS IRMÃS EMPREENDEDORAS

Apresentamos a nossa resposta para o dilema de como trabalhar em empresas familiares e prosperar. Somos irmãs empreendedoras e acreditamos em comprometimento, dedicação e trabalho. Nossos pais, além de compartilharem conosco os bens materiais, nos desenvolveram para continuar o negócio da família. O resultado é a evolução do supermercado e a conquista de novas empresas, além do desejo de ir além.

MARIANA MECABÔ MÜLLER
ANA CAROLINA MECABÔ MÜLLER

Mariana Mecabô Müller
Ana Carolina Mecabô Müller

Mariana tem formação em Administração pela Unioeste, com especialização em Estratégias Empresariais pela Univel. Ana Carolina tem formação em Administração na Unioeste, MBA em Gestão Empresarial pela FGV, mestrado em Administração pela Unioeste e doutorado em Administração pela PUC-PR. Mariana e Ana atuam na administração conjunta de dois negócios familiares na cidade de Cascavel/PR: o Maria Luiza Supermercado e a franquia do Pasta Way. Mariana tem uma empresa de cestas personalizadas de café. Ana Carolina atua como professora das disciplinas de Custos, Franquias e Gestão Financeira.

Contatos
mahmecabo@hotmail.com
ana_mecabo@hotmail.com
45 99915 8743

Mariana M. Müller & Ana Carolina M. Müller

Quando você olha uma empresa familiar estruturada e lucrativa, em que grande parte da família trabalha no negócio, o que vem a sua mente? Alguns pensam: "Filhos sortudos, já ganharam um negócio pronto. É só trabalhar". Outros, talvez, reflitam o quão admiráveis são os pais por terem conseguido manter os filhos trabalhando juntos. Mas principalmente para aqueles que já tiveram essa experiência e hoje não vivem mais essa realidade, a pergunta que paira a mente é: "Como vocês conseguem?". Eu, Ana Carolina, com a minha irmã Mariana, vamos contar nossa história neste capítulo, respondendo à pergunta da nossa forma e compartilhando como acreditamos no trabalho, na união e na força do empreendedorismo feminino.

Aninha e eu crescemos em uma família tradicional, estruturada, de pais que buscaram, por meio de muito trabalho, não somente o sustento familiar com qualidade, mas também a construção de um legado profissional. Logo que se casaram, surgiu a oportunidade de comprar a estrutura e o estoque de uma mercearia no bairro Maria Luiza, em Cascavel/PR. O local era alugado e vendia material escolar e alimentos. Nosso pai Valfrido teve a visão na época de melhorar o negócio no bairro, oferecendo mais produtos para casa e mais alimentos, atendendo assim a vizinhança.

Após alguns meses do novo negócio, veio o nascimento da primeira filha. Depois de mais um expediente de domingo,

A voz da sororidade

Valfrido fechou o mercadinho e levou, às pressas, nossa mãe Ivete para o hospital. Por pouco, eu não nasci no caminho. Minha criação se deu entre o mercado e a casa. Aos poucos, com a rotina escolar, nosso destino após a aula era o mercado. Então, diariamente, fomos tendo contato com a vida empresarial.

Eu, Ana, também nasci em um ano importante para o negócio da família. Em 1992, começou a construção da primeira sede própria. Na época, o Mercado Caravaggio ganharia um espaço mais amplo e incluiria o açougue próprio – uma das referências da marca ao longo da história e na atualidade.

Nesses 34 anos de supermercado, foram três sedes diferentes – próximas entre si – além de três expansões. A marca foi repaginada e ganhou o nome de Maria Luiza Supermercado em referência ao bairro onde estamos localizados.

Em 2005, a nossa mãe, compradora de um atacado, com uma carreira de 24 anos na mesma empresa, pediu desligamento para se dedicar integralmente ao mercado. Compartilhando a gestão do negócio com nosso pai, a divisão inicial era: Valfrido comprava e Ivete pagava.

Conforme crescíamos, já estávamos aptas a ajudar nas atividades e o trabalho após a aula virou uma regra. Às 18h, parte da equipe era dispensada e, desse horário até fechar o mercado, às 19h30, tínhamos responsabilidades diretamente ligadas ao atendimento ao cliente. Recordo-me de eu (Mariana), com 12 anos, ser responsável pelo atendimento na nossa padaria, o que incluía assar as esteiras de pão no forno industrial, limpar, organizar e atender os clientes. A Ana, nessa época com nove anos, ficava na balança de pesagem da feira, atendendo os clientes do hortifruti.

Uma hora e meia de serviço diário não atrapalhava nossa rotina de estudos e nos trouxe responsabilidade. Tínhamos o compromisso que, apesar de ser necessário, não era prazeroso para nós. Todos os dias, na rádio do supermercado, ouvíamos, às 19h, começar o programa "A voz do Brasil" do Governo Federal, era horário fixo; para nós, irmãs, era a certeza de que só tínhamos mais meia hora de trabalho.

Dessa época de trabalhar quando criança/adolescente, tenho algumas recordações diferentes. Como o nosso "turno" começava às 18h, a solicitação era que chegássemos um pouco antes do horário – eu chegava em cima do horário e, por vezes, atrasada, ouvindo gritos de chamado do meu pai. Se eu tivesse um desempenho escolar inferior ao esperado, eu culpava o trabalho. Trabalhava rabugenta. Lembro-me também de que, aos meus 12 anos, foi a primeira vez que fiquei sozinha com a Mariana (15 anos) "cuidando" do mercado, quando nossos pais foram viajar para a praia por uma semana.

Ao refletir sobre esses momentos do passado, penso no desafio para meus pais: eles precisavam de nós, era a forma como eles tinham organizado o quadro de colaboradores e, na época, não tínhamos o entendimento da importância do nosso trabalho. Outro ponto é a semente do comprometimento com o negócio – vivi a vida toda dentro do mercado e, ao ter a responsabilidade de trabalhar diariamente, as minhas escolhas ao longo da vida foram naturalmente considerando as minhas responsabilidades no trabalho. E ainda a perspectiva-escola, tanto em uma preparação cotidiana para as atividades de todos os setores, quanto em se tratando das experiências que fazem parte da nossa realidade comercial. Se na época o sentimento era de incompreensão de por que ter que trabalhar, hoje, olhar para o passado remete à gratidão, pela insistência e a confiança de que, mesmo muito novas, éramos capazes.

Atualmente, no supermercado, o organograma consiste na direção de Valfrido e Ivete, e na gestão de Mariana, Rafael e Ana. A estrutura regrada que estabelecemos talvez seja a resposta à pergunta introdutória de como trabalhar em família. Mas isso não significa que não ocorram conflitos e discussões acaloradas

– sempre com limites de respeito. Na minha visão, apesar de existirem pontos de vista distintos, os conflitos ocorrem por problemas de comunicação, sendo essa umas das habilidades mais importantes da gestão. Tanto a falta de comunicação quanto a forma de se expressar familiarizada são práticas pessoais as quais precisamos treinar e nos policiar constantemente para profissionalizar nosso negócio. Complemento que essa é a posição da filha mais nova, que geralmente se envolve em menos conflitos por pessoalmente preferir evitar uma briga. Já a versão da irmã mais velha pode ser resumida na próxima frase.

Trabalhar em família é um desafio constante. Nosso senso de comprometimento é sempre maior que nossas divergências, por isso seguimos com nosso propósito. Para essa dinâmica funcionar, desenvolvemos ao longo dos anos algumas regras que serviram para organizar e fluir melhor a gerência dos nossos negócios. No *Maria Luiza*, respeitamos a hierarquia dos fundadores, nossos pais são os diretores e ficam responsáveis pelas grandes decisões a respeito do supermercado. Eu, Mariana, Ana e Rafael somos responsáveis pela gestão. Temos salários fixos, horários a cumprir e agenda de compromissos diários e mensais dentro da operação, com flexibilidade e dinamismo. Como trabalhamos com rendimentos diretos fixos, oportunidades de aumentar os ganhos são sempre consideradas, mesmo que envolvam mais trabalho em uma rotina já extensa, considerando que o supermercado abre aos sábados em horário normal. Nessa perspectiva, pela veia pulsante empreendedora, comecei meu negócio próprio, o que hoje é a Cestas Mia.

Cestas Mia

Nossa família tem a tradição de caprichar no café da manhã em datas comemorativas. Inspiradas nos cafés da manhã de hotéis, eu e Ana começamos a promover uma mesa farta e especial em nossa casa. Mostrando as fotos para nossos familiares e amigos alguns anos atrás, recebemos a missão de montar esse café em formato de cesta e entregar para as mães dos nossos primos que haviam se mudado.

Depois desse evento, algo ficou latente em mim. Pensei: por que não? E no ano de 2018, fizemos uma ação de Dia dos Namorados oferecendo as cestas para os amigos e familiares mais próximos, com a meta de vender dez cestas. Vendemos 20.

Em um domingo de manhã, eu, Ana e Rafael produzimos e entregamos nossas primeiras encomendas. Entre 2018 e 2020, as vendas continuaram pontuais, ainda existia a dúvida sobre continuar ou não nesse segmento, até a próxima data comemorativa: Dia dos Pais. Resolvi montar algo diferenciado. Nos organizamos e vendemos 37 cestas; a partir dessa data, pensei que não tinha como voltar atrás, eu tinha mais um negócio.

O nome Cestas Mia foi pensado como um nome simples, que qualquer um pudesse assimilar. Sigo conciliando o trabalho no supermercado com a entrega de cestas, oferecendo um formato diferente, semelhante a um café da manhã de hotel. As datas comemorativas continuam tendo lançamentos exclusivos, e esse negócio me ensinou que, se você fizer o básico bem-feito: entregar o que promete, seja nos produtos ou horário da entrega, e prestar um atendimento personalizado, os frutos desse trabalho virão. Ter a constância de atender o cliente quando ele solicita, vender quando ele pede e não somente quando você precisa é primordial para perdurar um negócio e fortalecer uma marca.

A Cestas Mia surgiu oficialmente em meio à etapa final do meu doutorado, um dos momentos mais críticos da minha vida, o que significa que eu não conseguia nem ao menos contribuir. Nesse momento, posso apenas retratar a minha visão: pessoalmente, horário é lei para a Mariana, mesmo em momentos em que penso que ela deveria flexibilizar um pouco, o horário não é abordável. Assim, cestas encomendadas às 8h serão entregues pontualmente às 8h ou minutos antes, mas, raramente, minutos depois. Quando ela fala em "vender quando ele pede e não somente quando você precisa", recordo-me dos fins de semana em que ela tem cestas para entregar e tem que abdicar do lazer; e dos dias em que ela vai dormir tarde em função de outros trabalhos, mas no outro dia levanta cedo igual para chegar à casa do cliente no horário combinado.

Aos familiares, principalmente, quando me perguntam por que a Mariana vende as cestas de café, geralmente não respondo. É difícil explicar a soma de sentimentos complexos do empreendedorismo rentável – ela mesma me disse um dia, depois de ter entregado mais de 40 cestas para as mães, o que significou dormir pouco e trabalhar muito: "Não é só por dinheiro, Ana".

O outro negócio da família, idealizado por nós duas, também não nasceu fruto somente da busca por ganhar dinheiro. A ideia de ter uma franquia – especificamente esse modelo de negócio, por acreditarmos ser cabível de administração com o mercado – sempre existiu entre nós. Desde antes de eu concluir a graduação, fizemos muitas pesquisas e surgiram diferentes ideias, mas, pessoalmente, sempre escolhi a carreira acadêmica.

Depois de pouco mais de um ano de conclusão do doutorado, as conversas familiares sobre novos negócios eram mais plausíveis, mas nunca fáceis e por vezes nada harmoniosas. Eram duas gerações diferentes em momentos opostos da vida: os pais querendo "desacelerar" e ter momentos de qualidade com a família; as filhas e os genros com "os dois pés no acelerador", querendo ganhar dinheiro, oportunidades, experiências comerciais e novas vivências profissionais.

Em uma conversa pouco harmoniosa em março de 2022, obtivemos um resultado muito positivo: o aval para o planejamento e a apresentação de propostas viáveis com o compromisso de avaliação profissional dos investidores. Traduzindo para a realidade familiar: as filhas poderiam buscar a franquia que os pais contribuiriam para a realização do sonho.

Pasta Way

O Pasta Way apareceu para nós por meio de um anúncio nas redes sociais. Após algumas reuniões, entendemos que o produto tinha potencial, tanto em termos de viabilidade do investimento quanto de aceitação do produto.

O aprendizado veio na implantação do restaurante. Os desafios de começar algo do zero com a escolha do ponto, reforma, contratação da equipe, planejamento dos insumos, produção e marketing. Começar localmente tudo do zero trouxe para nós uma nova perspectiva dentro do empreendedorismo.

O Pasta Way foi um investimento do grupo Maria Luiza, mas sua operação fica sob responsabilidade das irmãs Mariana e Ana. Nós prestamos conta dos resultados aos diretores, mas eles não influenciam nas decisões sobre a franquia. Com o Maria Luiza Supermercado, nós pegamos o "bonde andando" em um ramo em que o alto fluxo de clientes diários traz a constância ao negócio. No caso da franquia de macarrão no pote, o primeiro trabalho de divulgação do produto e da marca precisaria ser feito.

Nós saímos da nossa zona de conforto, nos desafiando a desenvolver outras habilidades de gestão, além da importância de aumentar nossa rede de contatos. Com esse propósito, aceitamos o convite para participar do Núcleo ACIC Mulher. Faz um pouco mais de um ano que frequentamos as reuniões e os ganhos transcenderam os objetivos sociais, principalmente pela participação nas diferentes atividades promovidas. Desde o primeiro dia, fomos juntas e, exceto em casos específicos, estamos sempre juntas.

A voz da sororidade

Nosso vínculo de irmãs unidas vem sendo fortalecido desde pequenas pela rotina ausente dos nossos pais, dedicada ao trabalho e à construção do nosso futuro. Tivemos uma à outra sempre. Quando crianças, dividíamos o único quarto disponível no pequeno apartamento. Na fase adolescente, tínhamos cada uma o seu quarto, mas escolhíamos dormir juntas, e assim foi até sairmos de casa. Uma conexão de duas personalidades bem diferentes, mas que combinam em propósitos, valores e que se respeitam nas decisões e na individualidade. Nosso amor de irmãs é indestrutível e inabalável, e esse é nosso legado.

20

SEJA QUEM VOCÊ QUISER

Neste capítulo, quero falar com você que tem sonhos e sabe que a vida é feita de um dia por vez. Tenho como objetivo inspirá-la e impulsioná-la na busca e na realização de tudo o que almeja para sua existência. Tenha consciência de sua capacidade e de que tudo o que for desejado verdadeiramente, é possível alcançar, independentemente de cor, idade e classe social. Os sonhos são livres de preconceitos e apenas nossas crenças podem nos limitar.

Não peça permissão para voar, as asas são suas e o céu não é de ninguém.
Autor desconhecido

MARIZA BEAL

Mariza Beal

Pedagoga graduada pela Faculdade Assis Gurgacz (FAG) (2006), pós-graduação em Língua Portuguesa e Literatura Brasileira, Uniban (2008). Gestão Escolar, FETRIMS (2009). Didática e Metodologia de Ensino, FETRIMS (2010). Educação Especial e Inclusiva, FETRIMS (2011). Universitária do Curso de Psicologia na FAG (2021). Professora do curso de Formação Docente de 2009 a 2016. Professora Estatutária Ensino Fundamental e Educação Infantil de 2014 a 2021. Professora licenciada, período 2023 a 2025. Estagiária na área da psicologia comportamental. Aromaterapeuta e consultora de bem-estar.

Contatos
http://doterra.myvoffice.com/mbeal
marizabeal5@gmail.com
Instagram: @marizabeal
Facebook: marizabeal

Mariza Beal

Filha mais nova do casal de agricultores Gerci e Leonel, gaúchos, moradores pioneiros da região Oeste do Paraná, comecei minha trajetória brincando na terra. Brincar de carrinho era minha distração preferida. Vivi por muitos anos muito próxima da natureza, talvez por isso sei apreciá-la tão bem. Nunca recebi mesada, porém recebia pelo trabalho que fazia auxiliando nas tarefas do sítio. Desde muito pequena, comecei a ordenhar as vacas; e o leite que eu tirava era medido à parte e recebia por ele ao final do mês. Lembro-me da fase de transição da infância para a adolescência. Em um mês, gastei meu dinheiro comprando brinquedo: uma sereia que era de dar corda e ela nadava. No mês seguinte, comprei uma bolsinha e um batom; a partir daí, não voltei a comprar brinquedos.

Foi nesse processo que aprendi a administrar minha renda. Foi com esse pequeno valor que fui aprendendo qual era meu limite mensal e, na vida adulta, nunca tive problemas em gastar além do que recebia. Uma das melhores lições que pude receber, pois nada na vida vem de graça, e é preciso ter esse conhecimento logo cedo. Caso contrário, sua história já poderá estar condenada a não ter limites, desconhecer até onde vão suas possibilidades.

Sempre fui atraída pela ideia de estar entre livros, cadernos e canetas. No início, não entendia muito bem esse indicativo. Pensava: será que eu quero trabalhar em uma papelaria? Conforme fui amadurecendo, compreendi meu desejo de me formar professora. Fui atrás desse sonho, o qual me proporcionou os melhores anos da minha vida dentro da Faculdade Assis Gurgacz (FAG), na cidade de Cascavel, no Curso de Pedagogia. Momentos inesquecíveis, tantos eventos dos quais participei, inúmeras amizades que fiz, algumas para a vida toda; comadres, inclusive. E meus amados docentes, por eles tive uma admiração infinita, além de uma ótima convivência. Amizade com os funcionários, vivi plenamente a vida universitária de 2003 a 2006. Nesse contexto, cresci imensamente em todos os aspectos, compilei muito conhecimento e me lapidei enquanto ser humano. Tornei-me muito mais forte, pois os desafios não foram poucos, a começar pela distância que morava da instituição; viajava de ônibus 200 km diários.

Em seguida, iniciei um longo caminho de especializações, também na área da educação; no total foram quatro, que vieram para agregar na minha caminhada como educadora, que se iniciou em 2009, ministrando as disciplinas específicas da formação de docentes na rede estadual de ensino, na qual permaneci por quase dez anos, com muitas experiências valiosas, tanto de conteúdos quanto de relação humana. Dessa vivência, renderam amigos para a vida, tanto de colegas quanto de ex-alunos, e muitas histórias para contar.

Em 2014, assumi como professora estatutária municipal; depois de aproximadamente dois anos, passei a ficar com exclusividade somente na educação infantil. Apesar de a função de educador ser linda e uma das mais importantes e a base para as demais profissões, vivemos em uma época de decadência, desvalorização social e financeira, planos de carreira sem perspectivas e, ainda, as doenças psicossomáticas que acometem milhares de professores em nossos país; eu não fui exceção. Porém, no primeiro momento, segui apenas com acompanhamento psicoterapêutico.

Eis que, em 2020, chega o momento mais assustador que passei na minha história: pandemia da Covid-19. O que foi aquilo? O coração entrou em desespero, a cabeça em confusão e a vida se perdeu na incerteza de tudo (se é que, em algum momento, podemos ter alguma certeza); mesmo que se diz que tudo o que chega ao caos tem um recomeço.

O medo me fez despertar para um novo sonho. Para me distrair do medo que sentia da pandemia, resolvi focar em leituras sobre a mente humana. Nesse período, intensifiquei as sessões de terapia que vinha fazendo desde quando começaram alguns descontentamentos dentro da profissão como professora. E foi vindo à tona o desejo que já era antigo em conhecer um pouco mais sobre o ser humano, conhecimento esse que a psicologia proporciona.

Aos 40 anos de vida e quase vinte após a graduação em pedagogia, voltei aos bancos da universidade, com a felicidade de uma adolescente para fazer o meu segundo curso dos sonhos. Fiquei vários dias duvidando se era real o que eu estava prestes a iniciar psicologia. Senti o apoio de amizades queridas, de pessoas que eu nem esperava; também, afastamento de algumas que não imaginava, mas que fazem parte da vida; só permanecerá ao seu lado quem torce pelo seu sucesso. Caso você não tenha ninguém, jamais se abale; para seguir, nos basta Deus. E jamais se iluda, nem todos torcem por você; e está tudo bem, isso também é aprendizado e crescimento.

E cheguei a uma nova universidade para cursar psicologia, trabalhando e estudando, numa rotina bem acelerada, viajando de novo 200 km diários. Nesse tempo, meu pai de 70 anos sofreu um infarto e nos deu um susto que não gosto sequer de lembrar. Graças ao bom Deus se recuperou, porém, meu emocional sentia-se abalado, o físico sem forças, os alunos em fase de adaptação, barulho e agitação constante, o meu ser humano não aguentou. Foi quando recebi o diagnóstico de ansiedade e depressão. Entretanto, três anos depois da primeira crise de ansiedade, foi necessário acompanhamento psiquiátrico e medicação controlada.

Nessa fase, conheci os óleos essenciais Doterra, que vieram para mostrar novas oportunidades em meio à turbulência. Por isso, é verdadeira a expressão de que tudo na vida tem um lado bom, basta querer vê-lo. Ah, se foi fácil superar? Quem já viveu experiência semelhante sabe a resposta. Nem um pouco! É preciso muita força de vontade, autoaceitação e aceitar ajuda profissional sempre, e isso envolve investimento de tempo e dinheiro, o que pode ser mais um agravante. A fé em Deus em qualquer circunstância é fundamental, independentemente de sua crença. Às vezes, temos a sensação de que nunca superaremos o que nos aflige, mas temos força e Deus tem poder.

A recuperação total levou mais de um ano, mas o impressionante é que, enquanto fui me tratando, introduzi também os óleos essenciais da Doterra na minha rotina, com a orientação de uma aromaterapeuta, e os resultados foram impressionantes. Apaixonei-me pela possibilidade de levar o bem-estar de modo natural para outras pessoas. Comecei a empreender com a Doterra como consultora, passei a me aprofundar cada dia mais nos estudos sobre os produtos e me formei em Aromaterapia, um conhecimento magnífico, complementar para uma vida mais natural e saudável. E muitos projetos começaram a surgir, novas ideias, projeção de futuro renovada. Boas e novas energias borbulhando. Foi quando decidi partir para uma linda transição de carreira.

Mudei-me de cidade, transferi meu curso de faculdade para minha amada instituição Faculdade Assis Gurgacz, que sempre me oferece o melhor em todos os aspectos; a anterior, em que fiquei por dois anos, não me proporcionou o que eu buscava. Meu apartamento agora fica a cinco minutos da faculdade. Adeus viagens de 200 km diários, mereço mais conforto. Pedi licença sem vencimento de dois anos do meu concurso. Estou empreendendo, estudando, trabalhando meio período na minha nova atuação, auxiliando no atendimento psicopedagógico com pais, professores e alunos e me realizando integralmente, enquanto profissional e ser humano, buscando me aperfeiçoar constante e incansavelmente.

Estou recebendo a melhor supervisão profissional que já pude imaginar, o que me fará, sem dúvida, ter um excelente diferencial profissional. Na minha nova vivência de trabalho, tenho profissionais incríveis e amigos nas mesmas pessoas; tenho recebido atenção, respeito e amor em toneladas, meu coração transborda a cada dia. Para mim, esses momentos são preciosos e a resposta de Deus a cada oração que faço diariamente. Aprender a ouvir mais nossos semelhantes, somente acolher e não fazer julgamentos, nos tornam melhores. Mas para ter esse privilégio, é dolorido, porque aprender não é um processo fácil, banal, nem à revelia. Dependemos de foco, constância, persistência, resistência e, principalmente, acreditar em si mesma, independentemente do que o mundo diga.

Nessa trajetória de estudos da psicologia, eis que surge um convite especial de uma ex-aluna do magistério, que se tornou grande amiga e comadre, para acompanhá-la em uma viagem de estudos/pesquisa de seu doutorado em educação na cidade maravilhosa Rio de Janeiro. E lá fomos para um conhecimento incrível. Mergulhei no universo da psicologia, visitei o Museu Nise da Silveira, antigo hospício, o qual foi desativado em 2019. Tive acesso aos detalhes de todas as situações que ocorriam na época, quais eram os procedimentos adotados, como eram tratados os internados. Inclusive, o procedimento de lobotomia:

Cirurgia psiquiátrica – intervenção cirúrgica no cérebro, em que são seccionadas as vias que ligam as regiões pré-frontais e o tálamo, visando modificar comportamento e curar doenças mentais do passado. Os casos graves de esquizofrenia eram "resolvidos" com esse procedimento.

A voz da sororidade

Imagens da parte externa do Museu. Na década de 1950, chegou a atender 3 mil internados enquanto manicômio.

Visitei também o Centro de Psiquiatria da UFRJ (foto 2), onde fui conduzida por funcionários maravilhosos para uma visita técnica, conhecendo o funcionamento da instituição e tendo acesso aos pacientes, sentindo na realidade o que é um internamento na ala psiquiátrica, um aprendizado imensurável para quem está em processo de formação na área da saúde mental.

Na mesma viagem à cidade maravilhosa, tive ainda a rica experiência de conhecer um pouco da realidade da comunidade da Rocinha, que atualmente comporta 250.000 habitantes e é composta por três classes sociais, o que quebra vários paradigmas, pois se desconhece essa face e acredita-se que lá estão "os favelados". Por isso, o conhecimento sempre nos torna despido de preconceitos. Entender que não podemos usar jargões generalistas em nenhum contexto. Como é a vivência das crianças com o crime, com a família e com a educação; também foi possível entender parte dessa dinâmica. Na volta desses onze dias de reflexões, fui convidada por um dos meus professores do curso de psicologia para fazer uma explanação para as turmas da Disciplina de Análise das Instituições, relacionando a experiência com todos os conteúdos afins que tivemos na disciplina. Foi um momento muito valioso compartilhar, com mais pessoas em processo de formação, algo que contribuiu tanto em minha aprendizagem.

Imagem da comunidade da Rocinha, no Rio de Janeiro.

Participo constantemente de cursos, eventos e *networking* oferecidos pela Associação Comercial e Industrial de Cascavel (ACIC), da qual sou associada, com inúmeras opções para quem quiser empreender e, principalmente, para você, mulher. Tem espaços específicos na ACIC Mulher para crescermos juntas. Na ACIC, surgiu a oportunidade desse meu primeiro trabalho publicado em um material de maior abrangência, o livro *A voz da sororidade,* um marco na vida de cada uma de nós, mulheres, que combatemos o medo a cada dia.

Será que as tomadas de decisões e as mudanças são fáceis?

Fáceis não são, mas garanto que valem a pena. E se forem bem planejadas, você pode estar certa de que não têm erro. Ao olhar para trás, dirá a famosa frase: "Por que não fiz antes". Portanto, é incrível como tudo só acontece no momento em que temos maturidade para lidar com novos desafios. Quando falei que a vida é feita de um dia por vez, é nesse sentido de entender que tudo tem seu tempo e, às vezes, esse tempo não é o nosso, mas o de Deus.

Uma das dificuldades em mudarmos de direção quando não estamos mais felizes é o medo da rejeição social/familiar. Não pense que as críticas virão de fora para dentro; na maioria das vezes, será o inverso mesmo:

> Quando a vida decepcionar, descanse um momento; quando sua confiança for quebrada, quando sua esperança for por água abaixo, quando alguém que você ama a deixar, antes de qualquer coisa faça uma pausa e descanse por um momento (SUNIM, 2017).

Para refletirmos, trouxe a citação mencionada. Às vezes, só precisamos de uma pausa, nem sequer precisamos nos aborrecer, e sigamos indiferentes aos diversos julgamentos que escutaremos. Socialmente somos padronizados, estigmatizados; e se ousarmos sair da bolha, logicamente devemos estar preparados para o "assombro". É preciso ter coragem para não ceder ao que a sociedade impõe e se anular enquanto sujeito de ideias, vontades, projeções, enfim, com identidade. Rompa com o modelo pronto de sociedade padrão, pois dentro dele nós, mulheres, não poderíamos estar aqui compartilhando conhecimento, nos empoderando, empreendendo, e sim na cozinha, não é mesmo?

E como é difícil a sociedade, em pleno século XXI, entender e respeitar quem pensa e age diferente. Minha decisão em não ser mãe, porque nunca foi um desejo, tenho outros sonhos e prioridades na vida, é incompreensível para muitas pessoas. Porém, e aqueles casos de mães que têm filhos, mas não cuidam, não amam? Nessa situação, dificilmente se vê alguém questionando; afinal, ela é uma pessoa normal, veio ao mundo e reproduziu, como se essa fosse a lei que todas as mulheres estão sujeitas a seguir.

É preciso refletirmos que muitos de nossos conceitos e crenças nem sequer são nossos, são construções sociais e culturais repassadas pelas instituições que nos moldam. E a título de pensarmos que são apenas hipocrisia social as cobranças que pesam sobre a vida das pessoas, em grande parte, das mulheres. Então, não ande como cardume, só porque seus amigos fazem ou os outros dizem que você deveria fazer. Defenda suas convicções, subverta paradigmas e passe a estabelecer tendências.

O mercado de trabalho teve significativas mudanças, principalmente pós-pandemia, e a ideia de estabilidade também. Não precisamos mais ficar presos ao conceito de que, depois que passamos em um concurso, estamos com "vida feita" e não tem nada mais o que se buscar. As possibilidades estão aí, devemos manter a estabilidade enquanto nos é saudável e nos faz bem; caso contrário, lembre-se de que a vida é feita de um dia por vez, nunca saberemos o dia de amanhã; o que é estável, afinal?

Então, busque viver com qualidade de vida. Quem foi que disse que não dá para trabalhar com o que te faz feliz? E muito cuidado com a ideia de acúmulo de bens materiais. Eles são necessários sim, porém, evitando o que a torna escrava de uma vida infeliz dominada pelo trabalho que você nem gosta, mas continua lá, às vezes, para manter o status; de verdade, você mesma sabe que são outras coisas que a fazem feliz. A vida não é somente alegria. É claro que tenho consciência de tal, mas me refiro a manter saúde mental e qualidade de vida. Se não houver isso, a hora de repensar a vivência já está passando do prazo. Ligue o alerta e viva o tempo que ainda tem. Já parou para pensar que, se tudo correr bem, a sua vida já pode ter passado da metade? E se houver algum imprevisto?

Não importa sua idade, suas origens, se tem um monte de coisas que ainda não domina na nova direção que pretende ingressar. No meu ponto de vista, a única coisa que importa é sua disposição em aprender e fazer acontecer. Sempre terá alguém mais experiente por perto disposto a auxiliar – e terá mesmo. Eu sempre achei e estou tendo a cada dia, e me derreto de felicidade com isso. Basta percebermos as oportunidades, suas companhias dirão muito sobre seu crescimento (ou não); ande com quem sabe mais que você, e abrirá novos horizontes. E logicamente pessoas "ricas" em caráter, honestidade e lealdade; não abro mão de andar com pessoas ricas dessas qualidades raras.

Quando se lançar em algo novo e não sentir tanta segurança, lembre-se de que, para ensinar algo a outras pessoas, não precisa saber tudo, apenas um nível acima daquele a quem pretende ensinar.

Nunca aceite menos do que você merece

Vivemos em uma época que nos sentimos "obrigadas a dar conta de tudo". Mas, afinal, para quem precisamos prestar contas? Por que precisamos dar conta de tudo? Por que ficamos carregando pesos que não nos pertencem?

Porque nos ensinaram a ser assim, aceitar as sobrecargas sem reclamar, achar normal ser tratada como "empregadas". Porém, fomos percebendo que não precisamos de nada disso. É preciso identificar todas as formas de violência, as quais ainda somos submetidas, algumas bem sutis, quase imperceptíveis. Por exemplo: a violência simbólica que se materializa pela pressão estética que a mulher vive atualmente em nossa sociedade. Estar sempre bem arrumada, impecável, para causar boa impressão. Estar magra. Sempre aparecer em público maquiada. Depilar-se constantemente. Enfim, padrões de beleza impostos, o que leva muitas mulheres a desacreditarem de seu valor por não se incluírem nos ditames. Avançamos para as demais violências: física, psicológica, sexual, patrimonial, moral, as quais tentam nos impedir de seguir a vida normalmente, buscando mais espaço.

A partir desse entendimento do nosso potencial, força e coragem, estamos em busca de realizar sonhos e objetivos, encontrando nossos pares que também almejam crescimento em diferentes aspectos, impulso necessário para troca de ideias, experiências, apoio e ancoragem para continuar acreditando e melhorando a cada dia.

A cada dia de reflexão, estudo e troca de experiências, encontro muitas respostas e novos questionamentos sobre minhas escolhas e vivências, compreendendo o real sentido da vida e a importância de nos apoiarmos mutuamente, enquanto mulheres e espécie humana, pelo poder de ouvir o "outro" e o respeito por essa escuta. Cada uma de nós temos nossas dores, somente quem as vive pode dimensioná-las, não cabendo julgamentos a quem ouve ou observa. A partir do momento em que vamos nos desvencilhando dos pesos e dos preconceitos, nossa qualidade de vida melhora. Isso é avanço.

Precisamos entender que tudo o que desejamos exige esforço, sofrimento e enfrentamento. Porém, tudo é temporário. Vale a pena sempre buscarmos os sonhos, sem permitir que nada nem ninguém nos pare, em troca de migalhas, chantagens ou desmotivação. Somente Deus e nós mesmos dominamos nossas vidas. Nunca espere motivação de alguém que você ama para começar ou continuar um sonho ou projeto de vida, pois nem sempre o apoio virá de quem espera ou deseja. Muitas vezes são justamente essas pessoas que julgam nossas decisões e escolhas e tentam nos puxar para trás; outras, simplesmente, se afastam sutilmente, pois não suportam sequer sentir sua força de vontade.

Por outro lado, é incrível como novos caminhos nos apresentam seres humanos com os quais compartilhamos a mesma energia, *vibe*, vontade de viver. Por isso, mova-se, vá em frente, prossiga rumo ao desejado e até mesmo desconhecido, faça a sua história e não aceite nada menos do que você merece.

Jamais permaneça em situações em que o desconforto já te apresentou vários indicativos de que isso não te pertence mais. Quando algo não vai bem em nossa vida, é hora de tomar novos rumos, o melhor está por vir, só falo porque tenho todas as provas disso. E tenho como direcionamento de vida e plena confiança na interpretação que faço do que Deus nos disse: "Eu vim para que todos tenham vida, e vida em abundância".

Não me refiro a imediatismos e inconsequências, mas a coragem de enfrentar o novo, o desconhecido, desde que tenha bases para fazê-lo. Dizer não à zona de conforto, deixe isso para sua pós-morte. Se em determinados lugares não se sente aconchegado, retire-se o quanto antes, pois outros estarão te aguardando para recebê-lo transbordando de amor. Olhe a sua volta e vá abrindo mais sua visão a cada dia, e se permita desvendar o quanto a vida, o mundo, as pessoas, podem ser incríveis. Mas para isso precisamos olhar da maneira adequada, ver o que há de belo e as infindáveis possibilidades de crescimento, felicidade e batalhas a serem vencidas a cada dia também. O processo nunca será linear, porém, se aprender a forma certa de andar, pode até escorregar, mas não cairá.

Quero ser motivação a cada um(a) que me lê, e aceitei fazer parte deste grupo maravilhoso de mulheres que inspiram, pois acredito que posso ser luz para quem busca também seu sonho, mas que talvez, por falta de uma palavra de encorajamento, permaneça onde já está acostumado, mesmo contrariado. Começa agora seu processo, acredite, mas acredite de corpo e alma, nossos pensamentos antecipam as ações e realizações.

Para concluir, vamos resgatar algumas ideias. Tenha autoconhecimento, reconheça e identifique suas forças e suas fraquezas. Dedique-se aos pontos que precisam se elevar, tenha clareza de seus objetivos de vida e lute por eles com planejamento adequado e com a mente trabalhando a seu favor. Se não tiver ninguém para acreditar em você, tenha você mesmo a certeza de seu potencial, pois deve ter se preparado para isso. Quando o desconforto bater a sua porta, entenda que é um convite ao crescimento e não a desistir. Os ambientes, as situações e as pessoas que não te agregam não fazem bem, precisam ser superados, somente as árvores ficam sempre no mesmo lugar. Jamais abra mão da vida que você sonha. Lute e a tenha, sinta que todo o percurso valeu a pena.

Referências

LARA, B.; MOURA, G.; RANGEL, B. *Meu amigo secreto*. Rio de Janeiro: Edições de Janeiro, 2018.

PETERSON, B. J. *12 regras para a vida: um antídoto para o caos*. Rio de Janeiro: Alta Books, 2018.

SUNIM, H. *As coisas que você vê quando desacelera*. Rio de Janeiro: Sextante, 2017.

ZANELLO, V. *Prateleiras do amor*. Curitiba: Appis, 2022.

21

UMA CARREIRA QUE VENCEU O PRECONCEITO

Venho da vivência profissional em ambientes que hoje são considerados tóxicos, nos quais a mulher foi, por muito tempo, tratada com pouco ou quase nenhum respeito, onde assédio e importunação eram constantes. Felizmente, venho acompanhando uma lenta e constante mudança. Mudança essa que pode ser ampliada com um pouco mais de sororidade. Quando a mulher enxerga, apoia e respeita outra mulher, construímos mais justiça e diminuímos os abismos criados por anos de equívocos e abusos.

OLGA BONGIOVANNI

Olga Bongiovanni

Iniciou no rádio catarinense em 1974, chegando à televisão em 1982, como repórter da TV Tarobá, afiliada da Band TV, em Cascavel no Paraná. Ao longo dos anos a jornalista construiu honrosos capítulos de sua história; e a partir de 1999 foi contratada pela Rede Bandeirantes Nacional. Olga sempre esteve atenta às mudanças e, em 2020, convergiu seu trabalho também para o universo digital, que vem lhe rendendo muito sucesso. A apresentadora acumula milhares de visualizações em suas redes sociais e diz que seu maior patrimônio é seu público de mais de 40 anos, trazendo consigo a geração mais jovem. Falando para todas as gerações sobre os problemas do cotidiano, conscientizando sobre a importância do outro, o respeito às opiniões contrárias. Olga faz uso da comunicação para alertar sobre os mais variados assuntos, dentre eles a violência contra a mulher, contra as minorias, algo que sempre fez desde o início de sua carreira, dando voz a quem precisa ser ouvido. Atualmente Olga apresenta o programa Divina Receita para todo o Brasil pela TV Evangelizar; direto de sua casa; e aos sábados, das 10h ao meio-dia, comanda o Revista CBN, pela Rádio CBN.

Contatos
Facebook: olgabongiovannioficial
Facebook: vamosplantarcomolgabongiovanni
Instagram: @olgabongiovanni
11 91478 7128 (WhatsApp)

Olga Bongiovanni

Participar desta obra é um grande presente

Participar de uma obra que abraça um tema tão importante quanto sororidade é desafiador, mas, bem mais do que tudo, é necessário, em tempos tão difíceis que exigem muito de nós, bem mais do que tempos passados. Por isso, recebo o convite de participar deste livro como um privilégio, uma honra, e faço questão de escolher cuidadosamente minhas palavras para que realmente façam a diferença na sua vida.

A tecnologia avançou muito; estamos em plena era digital, mas talvez nunca tenha sido tão necessária a união e a solidariedade entre as mulheres, pois, se por um lado ganhamos espaço, por outro, algumas vezes são grandes as perdas em cuidado, companheirismo e respeito.

Sinto-me muito à vontade de escrever sobre sororidade, pois, antes mesmo de esta palavra existir e se tornar moda, minha carreira foi dedicada ao apoio às mulheres.

Meu nome é Olga Bongiovanni, comecei minha carreira de comunicadora como radialista. Posso te assegurar que não foi nada fácil.

Naquele tempo, há 50 anos, diziam que a rádio não era ambiente para mulher, mesmo assim não desisti. Mesmo diante de tantas ameaças que me faziam conviver com os "colegas radialistas" com medo.

A voz da sororidade

Sim, era medo o que eu sentia, o medo que eles me impunham quando diziam coisas, como:

- "Não tem medo de ficar malfalada?"
- "Isso não é para mulher de respeito."

Passei por situações difíceis e muito constrangedoras, como em um dia que um desses "colegas" resolveu passar a mão em mim desrespeitosamente. Naquele momento, o instinto de autorrespeito e resistência falou mais alto e eu, automaticamente, dei-lhe uma bofetada.

Lembro-me da cena como se fosse hoje. Seus olhos se encheram de um ódio tão grande que era quase palpável, enquanto alguém, ao fundo, gritou: "Falei para não mexer com ela. Ela é macho!". No meio da situação horrível que se formou, outra pessoa disse: "Não mexe com ela. Ela é casada, tem filhos...". Na hora, pensei imediatamente que, então, se eu fosse solteira, poderia?

Vivi momentos muito difíceis de grande preconceito, cada dia era uma batalha a ser vencida. Eu era mais cobrada, mais exposta e precisava estar extremamente atenta a todos os meus movimentos 100% do tempo. Era uma opressão sem fim.

Os casados eram menos atrevidos, mas a falta de respeito era geral, vinha de todas as idades e cargos. Éramos pouquíssimas mulheres trabalhando na rádio, e eu apenas na locução. Para sobreviver e vencer com profissionalismo e dignidade, foi preciso muito esforço.

Perdi as contas de quantas vezes ouvi dizerem que eu tinha que ir para casa, cozinhar, cuidar de filhos e marido, lavar roupas e fazer "coisas de mulheres". Diziam que locução em rádio era coisa para homem, pois era exatamente aquilo que eles acreditavam que era o certo, então diziam essas coisas sem o menor constrangimento.

Olga Bongiovanni

Foram momentos duros e muito doídos, mas eu insistia porque no meu coração havia um propósito e um desejo imenso de me tornar uma profissional talentosa e respeitada na área. Eu estava determinada e fortalecida por este desejo, queria construir meu nome, me fortalecer e apoiar outras mulheres a conquistar espaços que, até então, eram restritos a homens.

E como se não bastasse a falta de respeito dos homens, também havia muitas mulheres que consideravam a rádio um ambiente inadequado para mulheres, mas, curiosamente, me davam uma grande audiência.

Meu desejo, determinação e confiança na minha capacidade de aprender e me aperfeiçoar era infinitamente maior do que todo o preconceito e a falta de respeito deles.

Como jornalista e apresentadora de TV, construí uma carreira sólida na qual sempre tive o apoio às mulheres como prioridade. Empreendi meus melhores esforços a:

- Acolher e compartilhar com donas de casa.
- Informar sobre os direitos das mulheres.
- Defender mulheres vítimas de violência de qualquer tipo.
- Apoiar mulheres acometidas pelo câncer.
- Incentivar o desenvolvimento do empreendedorismo feminino.

Enfim, como comunicadora, sempre entendi a responsabilidade da minha missão de unir mulheres pela informação, fosse por meio da evolução das leis ou mesmo pelo compartilhamento de casos, a fim de que as mulheres se mantivessem alertas.

Nesta minha jornada de tantos anos de luta, tive o prazer de conhecer, conversar e entrevistar a maravilhosa Dercy Gonçalves, que dizia, com orgulho, que era minha fã. Um dia, ao pé do ouvido, ela me perguntou:

"Foi muito difícil, não é? Muita cantada? Nessa nossa profissão os homens acham que a gente é tudo vagabunda, imagino o que você sofreu, mas está aí, vencedora."

A voz da sororidade

Minha amada Dercy estava totalmente certa, foi tudo muito difícil. Muitas vezes me pego imaginando o quanto não foi ainda mais difícil para ela que veio muito antes de mim.

Nesta minha jornada como comunicadora, passei por diversas situações muito difíceis e uma delas me marcou.

Meu programa tinha muita audiência e eu sempre ouvia a todos que me procurassem, ajudando e buscando ajuda. Em certa manhã, fui chamada na portaria da rádio para socorrer alguém que estava muito mal, que morreria, e ninguém sabia o que fazer. Eu decidi que devia ir até lá. Quando cheguei ao local que me indicaram, fiquei assustada com o que vi e depois constatei as condições em que aquelas mulheres viviam.

Havia um cheiro forte de bebida e cigarro no ar, copos pela metade e cinzeiros cheios. O ambiente era todo fechado, com apenas algumas pequenas luzes azuis em dois cômodos. Algumas mulheres ainda estavam na cama vestidas com a roupa da noite anterior e, em uma pequena cama, uma jovem com olhar sem brilho, pele amarelada e magreza profunda me olhou e esboçou um leve sorriso ao me ver.

Aquelas mulheres eram minhas ouvintes diárias na rádio e uma delas chegou para comentar um dos assuntos que eu havia abordado em meu programa naquela manhã. Ela queria dar sua opinião; outra elogiou uma receita, disse que fez e que todas amaram, e que também tinha ensinado sua mãe, que também adorou.

A jovem de olhos parados estendeu a mão e disse: *"Eu sabia que você viria"*.

Para mim, é impossível conter as lágrimas enquanto escrevo revendo a cena, sentindo os cheiros, revivendo aquele momento com tanta mistura de emoções.

Alguns meses antes, eu entrevistei um médico em um quadro sobre saúde que eu tinha no programa. Na época, ele alertava para uma nova e terrível doença, provocada possivelmente por um vírus. Era pouco ou quase nada o que se sabia sobre a doença, mas os alertas já eram muitos, em razão dos efeitos devastadores que ela causava.

Chamava-se síndrome da imunodeficiência adquirida (SIDA), mais conhecida aqui no Brasil como AIDS. Estávamos em 1982, com muito medo e pouquíssima informação. As orientações eram de não tomar mais aquele cafezinho gostoso na lanchonete em copo de vidro. Não cumprimentar pessoas dando a mão, abraços e beijos; não compartilhar garfos, talheres, alicates de manicure e navalha na barbearia, por exemplo. Até mesmo os instrumentos de dentistas deveriam ser cuidadosamente esterilizados, pois, naquele momento, acreditava-se que tudo isso poderia passar a contaminação, além de, principalmente, as relações sexuais sem o uso de preservativos.

Em sua entrevista alertava que, em pouco tempo, todos nós teríamos um amigo, parente ou conhecido contaminado pela terrível doença, e que naquele momento pouco se falava sobre o assunto, mas que não demoraria todos falariam.

Com todas aquelas informações em mente, eu tinha diante de mim uma jovem muito doente com a mão estendida e feliz em me ver. Eu não era médica, mas por tudo explicado na entrevista, as características que pude observar naquela jovem não me deixaram dúvida alguma: ela estava contaminada.

Um minuto e milhões de coisas passaram pela minha cabeça. Pensei na minha família, meus filhos, minha vida; mas não pude me conter, lhe estendi as mãos e os braços num abraço que parecia não acabar mais. Minhas lágrimas eram uma mistura do medo, da emoção de sentir tanto amor por parte daquela jovem fã e, ainda, da angústia por ver tanto sofrimento naquela jovem mulher. Ela chorava de felicidade por eu estar ali, sem me esquivar dela.

O amor, a solidariedade e a emoção venceram meu medo naquele instante. Ela precisava ser cuidada e receber afeto, carinho. Se eu estivesse na situação dela, gostaria que ela fizesse aquilo por mim... Eu não poderia deixar de fazer.

A ambulância veio, e ela foi levada para o isolamento em uma área já reservada em um hospital.

Ela foi para o hospital e eu fui para casa. Entrei pelos fundos e, na lavanderia, tirei a roupa e fui direto para debaixo do chuveiro, esfregando o corpo inteiro com muito sabão e vigor, pedindo a Deus que eu não tivesse me contaminado e que, de nenhuma forma, contaminasse meus filhos.

Em pouco tempo, aquela jovem partiu e chegou ao fim todo seu sofrimento. Dali para a frente, continuei contando os dias e as pessoas que partiam. Era duro acompanhar a evolução daquela doença que transformava qualquer pequeno problema orgânico em grave risco de morte, enquanto informava ao grande público sobre os avanços das pesquisas e descobertas da medicina.

Passaram-se muitos anos desde que aquele médico tinha nos alertado na década de 1980. Graças a Deus, houve muita evolução no tratamento dessa doença sobre a qual hoje nos referimos falando do vírus HIV.

Não falei sobre esse caso, aquele meu encontro com minha fã enferma, na rádio. Imagine como eu seria crucificada e discriminada naquela época! Agora talvez fiquem sabendo, mas já não são capazes de me desrespeitar mais.

Por tudo isso que vivi, senti e sofri, preciso falar sobre sororidade hoje e sempre.

É inegável a importância de estarmos juntas e de ajudarmos umas às outras, mas, mais do que isso, precisamos deixar de sermos hipócritas.

A verdadeira essência da sororidade

Sororidade é um termo que se originou no movimento feminista, mas sua importância vai muito além disso. A essência da sororidade é a solidariedade entre mulheres. É a ideia de que as mulheres devem apoiar, respeitar e cuidar umas das outras, independentemente de todas as suas diferenças. É a compreensão de que, em um mundo que muitas vezes nos coloca em competição, nossa força coletiva é imbatível.

Bem mais do que um conceito bonito, a sororidade é uma necessidade real em um mundo onde as mulheres continuam a enfrentar desafios, preconceitos e discriminações em todas as esferas da vida: no trabalho, na política, na família, na sociedade em geral ou até mesmo dentro de seus relacionamentos.

O apoio, o conforto, o compartilhamento de informações e experiências são fundamentais para o fortalecimento de todas as mulheres e para que, cada vez mais, consigamos fazer valer nossos direitos, a fim de que, juntas, possamos criar sonhos e alavancar novas conquistas.

A sororidade além das palavras

Infelizmente, muitas vezes a sororidade é usada apenas como uma palavra da moda, mais uma tendência passageira que é invocada para forjar padrões politicamente corretos ou socialmente conscientes. Postagens nas redes sociais com *hashtags* como *#GirlPower* e *#EmpowerWomen* são ótimas, mas elas realmente refletem a verdadeira sororidade?

A resposta é: não necessariamente

A verdadeira sororidade vai além das palavras, ela precisa de ação. A sororidade se manifesta nas ações diárias, nas palavras de apoio que oferecemos, na mão que estendemos, nas escolhas que fazemos e na maneira como tratamos outras mulheres.

- É sobre apoiar sua amiga quando ela enfrenta um desafio, não importa o quão grande ou pequeno ele seja.

- É sobre celebrar o sucesso e conquistas de outras mulheres como se fossem seus próprios.
- É sobre ouvir, compreender e respeitar as experiências de outras mulheres, mesmo que sejam diferentes das suas.
- É sobre tratar a dor, a injustiça ou o preconceito sofrido por outras mulheres como se os sentisse em sua própria pele.

Não basta apenas ter faixas espalhadas pelas ruas com frases de impacto dizendo "mexeu com uma, mexeu com todas", é preciso que isso realmente seja verdade.

Vamos fazer a sororidade acontecer

A sororidade é um movimento poderoso que pode transformar a vida das mulheres para melhor. Mas, para que isso aconteça, precisamos ser honestas, rejeitar a hipocrisia, abandonar a competição sem sentido e adotar a empatia como regra.

Vamos fazer a sororidade acontecer de verdade. Vamos nos unir como mulheres, não importa nossa idade, etnia, orientação sexual, crenças ou qualquer outro tipo de escolhas de vida. Vamos nos celebrar, nos apoiar e criar um mundo onde a sororidade seja mais do que uma palavra bonita, seja uma realidade palpável que nos encha de orgulho e felicidade.

Vamos fazer a sororidade acontecer. Vamos fazer isso juntas! Eu estou engajada nesse propósito, e você?

22

TRÊS MOSQUETEIRAS

Coloco nas páginas deste livro um sonho, que era contar um pouco sobre minha vida de luta e a força que, nestes últimos anos, ganhei, as mulheres que são batalhadoras e conseguem, muitas vezes, se sobressair de problemas e encontrar soluções para a vida pessoal e profissional. Hoje, constituo uma família, na qual colocamos a realidade do mundo aqui fora para os meus filhos, e em convivência com Deus, dar sentido que possamos juntos continuar fazendo de melhor e entender qual é o propósito que Ele tem para nós todos.

**TATIANE TOMAZELLI
DOS SANTOS**

Tatiane Tomazelli dos Santos

Nascida em Medianeira/PR, no dia 24 de dezembro de 1981. Empresária da empresa Tomazeli e Agrotoma. Empresa do setor agrícola há mais de 25 anos em Cascavel/PR. Filha de Eugenio dos Santos Tomazelli e Salete Maria Tomazelli. Irmã: Andreia Tomazelli Coloda (minha sócia na empresa) e Juliane Tomazelli Enderle. Esposa de Ricardo Fernandes dos Santos. Casada há 21 anos. Mãe de Camili Tomazelli Fernandes dos Santos (19 anos) e Eduardo Tomazelli Fernandes dos Santos (16 anos).

Contatos
tatiane@tomazelli.net.br
Instagram: @tatiane.tfsantos
45 99914 1661

Tatiane Tomazelli dos Santos

"E agora, o que faço?". Muitas vezes me pergunto o que faço em momentos em que podemos desistir de tudo. Aí caio em mim e reflito: tudo tem um propósito.

Dezembro, dia 24, às 6h30 da manhã, nasci com cabelo vermelho que nem fogo. Meu pai, na brincadeira com minha mãe, falou: "Essa não é minha". Antes disso, eles brigaram e minha mãe foi muito chateada para o hospital. Tudo se ajeitou depois.

Todos me conhecem por Tati; sou filha de Salete e Eugênio, tenho duas irmãs, Andréia, a mais velha, e Juliane, a neném. Eu sou a filha do meio, a mais magrinha e mais doentinha, nem por isso menos forte. Minha mãe, uma mulher com pouco estudo, levou os custos de uma casa no pedal de uma máquina de costura por muito tempo. Meu pai, mecânico de máquinas agrícolas, trabalhou sempre em grandes empresas e viajava muito.

Nossa vida nunca foi de regalias, muitos finais de semanas íamos à casa dos avós e dos tios no sítio. Minha mãe é uma cozinheira de mão cheia e a que segurava o dinheiro em casa. Meu pai, inteligente, era a pessoa cujos passos eu queria seguir, mas muitas vezes foi rude conosco. Ele viajava muito, eu tinha minhas travessuras e, quando ele chegava de viagem, em alguns momentos, a mãe nos entregava; e "o bicho pegava".

Fomos criadas fazendo os deveres domésticos. Aos 12 anos, comecei a vender geladinho na escola perto de casa e, em alguns momentos, fazia as unhas das mulheres que iam lá em casa. Fomos crescendo e terminando nossos estudos, o que era algo que minha mãe cobrava e dava exemplos do que ela já havia sofrido pela falta de estudo. Em uma das nossas viagens aos tios, meu pai tinha um Fiat 147 azul e, em negociação com meu Tio Milton, voltamos para casa de Brasília vermelha, que no caminho quis pegar fogo e as baratas saíram correndo de dentro do carro.

A vida foi passando e, em 1996, meu pai alugou ou uma oficina mecânica que pertencia a uma grande empresa de Cascavel, a qual estava fechando as atividades e meu pai tinha trabalhado há anos como mecânico. Alguns meses depois, pedi a ele um emprego porque não gostava de fazer os serviços de casa, gostava muito de analisar papéis e queria mesmo trabalhar fora.

Ficamos dois anos naquele lugar. Ele conseguiu comprar o terreno, onde hoje está a nossa sede hoje. Aos poucos, fomos nos mudando para o local. Com isso, minha irmã, Andréia, deixou de ser jogadora de handebol e veio nos ajudar. Minha mãe saiu da máquina de costura e, com a Juliane, começou a trabalhar com meu pai. Era um ramo totalmente masculino. Eu estava sempre na companhia dos homens montando e desmontando equipamentos. Acompanhei meu pai em cursos para aprender sobre os equipamentos.

Dentro da empresa, cuidei do estoque de peças e equipamentos, aprendi a dirigir o munck do caminhão para ajudar a descarregar. Meu pai chamou minha atenção dizendo que isso não era papel de mulher, mas não parei. Com a empresa girando e obtendo lucros, nossa vida foi melhorando. Em 1998, eu, aos 16 anos, em uma festa de igreja, conheci o rapaz que eu observava passando no ônibus voltando da escola ao meio-dia, o amor da minha vida, Ricardo. Casamos três anos e meio depois, em abril de 2002. Ele trabalhava na empresa da família, também com manutenção de veículos.

Compramos nossa casa e fomos construindo nosso patrimônio, conquistando nossos sonhos. Em 20 de outubro de 2004, nasceu nossa menina, Camili, cujo gênero só soubemos no dia do nascimento. Camili, presente de Deus em nossas vidas, prestativa e minha amiga, trabalha na minha empresa e é responsável por todo o controle de estoque. Ela é muito parecida comigo, batalhadora, e faz faculdade de administração. Ela foi a primeira neta de ambas as famílias, um dengo só.

Nesse tempo, minha irmã, Andréia, teve um aborto espontâneo e entrou em depressão. Fazíamos faculdade de administração juntas. Em alguns momentos ela passava mal e saíamos no meio da aula para a farmácia ou para casa. Com o tempo, aprendeu a administrar a síndrome do pânico. Em maio de 2006, ela teve Maurilio, seu único filho e nosso afilhado, que trouxe muitas alegrias à família.

Em 2007, minha irmã, Juliane, teve seu primeiro filho, Alberto Filho. Logo após o nascimento do bebê, foram morar no Pará, o que foi complicado para nossa família, pois éramos e somos até hoje muito unidas; nossas histórias se misturam.

Ela foi morar em uma vila, Castelo dos Sonhos, que tinha um único orelhão na cidade. Nós ligávamos, a dona de um bar da vila atendia e ia chamar a Juli para conversarmos. As conversas demoravam a chegar e a resposta também. Após dois anos, ela mudou para Novo Progresso, trabalhou em uma revenda de motosserras e, depois, no Cartório da cidade. Assim, foi criando raízes na cidade.

Em 5 de outubro de 2007, nasceu meu pequeno Dudu, nosso Eduardo, hoje com 1,91 m, um menino muito querido, que trabalha com meu esposo na oficina e tem uma inteligência que nem mesmo ele sabe que tem, carinhoso, um bom leitor de livros.

Em dezembro de 2010, juntamos a família para visitar a Juli, em Novo Progresso. Demoramos quatro dias, com um total de 2.500 km de estrada asfaltada e mais 300 km de estrada de chão, parando para a boiada passar. Na volta, Juliane veio conosco para dar à luz a sua segunda filha, Maria Izabela, que é nossa afilhada.

Os anos foram passando e nossa empresa já estava estruturada como uma empresa de pequeno porte, comandada por meu pai, que decidiu abrir uma transportadora com caminhão graneleiro a fim de transportar grãos e farinhas a outros estados. Foram anos de dor de cabeça. Em muitos momentos, em conversa com meu pai, discutíamos que não era nosso ramo, que só dava prejuízo e não daria certo, que as nossas empresas colocavam dinheiro para cobrir os prejuízos das carretas. Mas como não tínhamos poder para mudar a situação, aceitávamos.

Em quatros anos, nos deparamos com a empresa prestes a entrar em falência. Por intermédio de um consultor, conseguimos convencer meu pai de que não era nosso ramo. Mas já era tarde. Acumulando prejuízos com carretas e licitações mal calculadas, recorrendo a bancos para honrar compromissos financeiros, começou a virar uma bola de neve, envolvendo as contas de toda a família, incluindo dos esposos.

Diante da situação, ficamos impotentes e desesperados. Um dia meu pai pediu ajuda a mim e a Andréia, demonstrando seu desespero. Juntas, respondemos: "Pai, vamos nos reerguer, mas precisamos pensar juntos, nós três, e compartilhar as decisões".

Nesse tempo, com muitas dores de cabeça, minha mãe começou a fazer exames neurológicos e foi diagnosticada com dois aneurismas cerebrais, que sugeriam procedimento cirúrgico. Fez duas cirurgias, sendo que a segunda foi mais complexa, ficou mais tempo na UTI; queria arrancar aparelhos e sondas, teve várias convulsões e o médico nos disse que não tinha mais o que fazer.

Saímos arrasadas do hospital e fomos até a catedral de Cascavel – Nossa Senhora Aparecida, então pedimos que Nossa

Mãe fizesse o que era melhor para minha mãe. No outro dia, chegamos à UTI e ela estava muito melhor. Minha Santa curou minha mãe. No processo de recuperação, ela voltava muito ao passado e não se recordava do presente. Revelei fotografias para lembrar netos e a filha que morava longe. Hoje está bem, frequenta bailes e gosta de uma cerveja.

Meu pai, que pesava cerca de 130 kg, fez uma cirurgia bariátrica e entrou em depressão, mas se recuperou logo após. Minha mãe pediu a separação depois de 35 anos de casados. A empresa não estava bem e a separação nos afetou financeira e emocionalmente. Independentemente se os filhos são grandes ou pequenos, sofremos igual. A convivência da casa do vô e da vó já não existiria mais, seria tudo dividido. Foi um choque para todos, grupos de casais, parentes e amigos. Era um casal que sempre participava da comunidade, ajudava casais a se reconciliarem e, agora, eles que se separavam. Seguiram suas vidas. Minha mãe saía com amigos ou companheiros, buscando ser feliz.

Com esses problemas, criamos outra empresa, com outros sócios. CNPJ novo também leva tempo para acesso ao crédito, mas isso nos mostrou fornecedores que ficaram nossos parceiros e confiaram em nós. Duas parceiras são a Karcher, indústria de lavadoras de alta pressão, e a Husqvarna, indústria de máquinas para floresta e jardim. Elas acreditaram em nosso potencial e que estávamos reconstruindo uma grande empresa. A fim de organizar um pouco as contas, vendemos alguns imóveis para pagar dívidas. Uma instituição financeira nos concedeu um empréstimo que alienou um único bem como garantia, a casa onde crescemos, para quitar algumas contas, e ganhamos fôlego para trabalhar.

Pelas dificuldades, a dívida venceu, e o banco executaria a hipoteca da casa de minha mãe, a casa que crescemos, na qual minha mãe costurava, na rua em que brincávamos de vôlei, de bets etc. Eu e minha irmã fomos ao banco; a gerente entendeu nossa situação e nos deu um prazo para arrumar o valor, que não era tão alto. Pensamos que poderíamos juntar. Minha mãe, como sempre segura das coisas, tinha uma grande parte. A irmã de minha mãe, Leda, que mora em Rondônia, nos emprestou o restante do valor. Meu pai não se prontificou a ajudar. Eu e Andreia, como sempre juntas, nos levantamos e continuamos. Conseguimos organizar nossa empresa, que foi crescendo, conseguindo manter o que planejamos.

Em novembro de 2021, meu sogro, Osmar, teve uma parada cardíaca dentro do hospital. Ele não estava bem há um bom tempo, mas os médicos estavam tratando de pressão e o problema dele era o coração. Ele ficou um ano e dois meses no hospital. Foi um choque para todos nós, ficamos sem chão, nossa convivência com ele sempre foi presente, sempre foi uma pessoa de referência para meu esposo. Nossas crianças sofreram muito com isso. Era o vô que estava sempre junto nas brincadeiras, nas descidas de boia em Catanduvas, nas comidas que eu fazia, ele sempre me agradava.

Muitas coisas mudaram. Tivemos que nos adaptar para cuidar da minha sogra, que morava no sitio, e da empresa que meu esposo administrava. Nesses momentos, muitas coisas vêm em nossos pensamentos. Porém, acredito que tudo tem um propósito.

No início de 2023, eu e minha irmã assumimos como sócias da Agrotoma, mais conhecida como Tomazelli, para reconstruirmos a empresa e deixarmos o passado no lugar dele. Iniciamos um ano muito bom, com um excelente faturamento e desempenho de nossa equipe. Com o único bem que ficamos, o financiamento pago ao banco e liberado para venda, encontramos um comprador e conseguimos pagar as dívidas, que nos perseguiam e consumiam nossas energias.

Por outro lado, o início do ano foi doído para minha família. Meu sogro nos deixou; mais uma parada cardíaca e veio a falecer. A tristeza nos envolveu novamente e precisamos nos reerguer. Meu esposo estava sofrendo muito com a perda do pai. Todos os dias, encontramos forças para lutar e passar para meus filhos que tudo podemos quando temos fé, quando realmente queremos vencer.

Todo dia é um degrau que subimos, caímos, escorregamos, mas estamos novamente em frente. Todas as experiências do passado foram úteis para conseguirmos construir uma empresa sólida. Nesse processo, tivemos batalhas com relação a trabalho, empresas, dinheiro, saúde e família, e tudo isso nos fez ser quem somos hoje.

A união das irmãs, com as experiências pessoais e que se relacionam entre si, e a garra de continuar, mesmo com tantos desafios, demonstram o verdadeiro sentido da sororidade, com apoio mútuo, valorizando nossas raízes e nos reinventando a cada desafio superado.

Agradeço a educação de meus pais e os ensinamentos que nos passaram. Tivemos grandes dificuldades, mas muitos momentos bons em família.

Para muitas mulheres, coloco a história que estou tendo a oportunidade de deixar registrada aqui e deixo a mensagem de que nunca podemos deixar a peteca cair. Muitas não sabem o quanto são capazes. E digo a todas que tudo na vida tem um propósito. Na dificuldade ou no sucesso, deixe a sua marca no mundo.